뷰티풀 천국 쇼킹 지옥

뷰티풀 천국 쇼킹 지옥

발행	2025년 10월 22일
지은이	김폴
발행인	윤상문
편집인	이은혜, 이대순
디자인	표소영, 박진경
발행처	킹덤북스
등록	제2009-29호(2009년 10월 19일)
주소	경기도 용인시 기흥구 동백동 622-2
문의	전화 031-275-0196 팩스 031-275-0296

ISBN 979-11-5886-340-1   03230

Copyright ⓒ 2025 김폴

이 책은 저작권법에 따라 보호받는 저작물이므로 무단전재와 복제를 금지하며,
이 책의 내용의 전부 또는 일부를 이용하려면 반드시 저작권자와 킹덤북스의
서면 동의를 받아야 합니다.

※ 잘못된 책은 구입한 곳에서 교환하여 드립니다.
※ 책 가격은 표지 뒷면에 있습니다.

킹덤북스(Kingdom Books)는 문서 사역을 통해 하나님의 나라를 확장하고,
한국 교회와 세계 교회를 섬기고자 설립된 출판사입니다.

뷰티풀 천국 쇼킹 지옥

김폴 지음

킹덤북스
Kingdom Books

일러두기

이 책의 내용은 대한예수교장로회 주기쁨교회(당회장 김폴 목사)를 섬기는 필자가 2011년 11월 21일(월)부터 12월 10일(토)까지 전남 나주시 세지면 성좌산 기도원(박훈식 원장, ☎ 061-331-5238)에서 뜻을 세우고 작정 기도하던 중 천국 여섯 번, 지옥 네 번의 실상을 마치 영화를 보듯 주관적으로 경험했던 은혜를 전도 차원에서 교훈적인 의도로 정리한 내용이다.

천국과 지옥을 경험한 사람들마다 간증의 내용에 차이가 있다. 그것은 보는 사람에 따라 천국과 지옥이 다를 수 있고, 또 글로 표현할 수 없을 만큼 천국과 지옥이 너무나 큰 나라이기 때문에 자신이 경험한 사후 세계가 그 중 극히 일부분에 불과하며, 성경 외에는 천국과 지옥을 100% 표현할 수 없다고 생각한다.

무엇보다 감사한 것은, 부족한 종에게 천국과 지옥을 보여주신 것은 영혼들을 살리라는 전도 차원에서 보여주신 것이었다. 그래서 한 사람이라도 더 예수님을 만나 구원받기를 원하시는 주님의 심정을 볼 수 있다.

바라기는, 나의 천국과 지옥 간증을 통해 그리스도인들이 천국과 지옥의 사후 세계가 확실히 있다는 것을 알고 사람들에게 이 사실을 전하는 자가 되기를 기도드린다.

추천사 01

사후 세계의 사실과 비밀들을 전 세계에 알리자

"나의 영적인 아버지, 유요한 목사님! 진심으로 감사드립니다. 지난날 목사님의 헌신적인 사랑과 희생이 있었기에 오늘날 제가 주의 종이 되어 하나님께 쓰임받고 있습니다."

영적인 아들 김폴 목사가 내게 이렇게 감사의 마음을 전해온 내용이다. 그렇게 생각해 주니 고마울 따름이다.

최근에 내세에 대한 책들이 많이 출판되어 나왔다. 역시 천국과 지옥은 사후 세계의 일이라 사람들이 큰 관심을 보이는 것은 좋은 일이다. 하지만 잘못하면 구설수에 오르거나 오해를 살 수도 있다.

김 목사는 내가 대구에서 목회할 때 중고등부 학생으로 출석하며 학생회 회장을 지냈다. 그때부터 김 목사는 목회자의 꿈을 키우며 신앙생활을 했기 때문에 누구보다도 나의 사랑과 관심을 많이 받았다. 그때 많은 학생들이 예수를 만나 성령 충만했고,

은혜를 받았으며, 오순절 마가 다락방에서 사람들이 체험했던 것처럼 성령의 불을 체험했던 것이 사실이다. 후에 우리 교회는 김폴 목사를 포함한 여러 명의 목회자를 배출하여 오늘날 하나님께 크게 쓰임을 받고 있다.

김 목사는 10년 넘게 부교역자 사역을 했고, 오직 주님만 바라보고 믿음으로 교회를 개척했다. 개척하면서 크고 작은 많은 어려움 중에 있을 때 부족하지만 나도 물심양면으로 함께 했으며, 그 후 교회가 부흥하여 성전 건축의 축복을 받았다. 그리고 지금의 교회에 이르기까지 성령님의 인도 속에 신실하게 목회하는 복음의 열정이 있는 목회자이다.

이번에 내가 한국에 들어와 김 목사의 천국과 지옥 체험에 대한 간증을 듣고 정리된 글을 읽으면서 너무나 놀랐고 감사했다. 하나님께서 김 목사에게 보여주신 사후 세계의 사실과 비밀들을 전 세계에 더 많이 알려야겠다는 마음에서 여러분에게 이 책을 추천한다. 한 영혼이 천하보다 귀하기에, 그 한 영혼이 이 책을 읽고 구원받을 것을 확신하기 때문이다.

미국 탈북자 고향 선교회 대표, 평화 통일 시애틀 자문위원, 선교사

故 윤요한 목사

추천사 02

나의 성도들의 신앙생활에 큰 도전을 준다.

김폴 목사는 하나님과의 관계를 친밀하게 잘하는 신실한 주의 종이다. 나는 김 목사가 체험한 천국과 지옥에 대한 간증을 본인으로부터 직접 들었다. 성도들의 신앙을 지도하는 목사로서 나는 그의 천국과 지옥 간증을 듣고 목회 측면에서도 꼭 필요한 메시지임을 확신하고 저자를 우리 교회에 초청했다.

그런데 제1차 집회 후, 성도들의 반응이 좋아서 제2차 간증 집회를 열었다. 이 두 차례 간증 집회를 통해 천국과 지옥에 대한 사후 세계는 나와 우리 성도들의 신앙생활에 큰 도전을 주었다. 나 역시 천국과 지옥 메시지를 많이 전하는 편이었지만, 김 목사의 간증을 들은 후 "남은 생애를 영혼을 건지는 일에 더욱 최선을 다하겠다"는 책임감이 생겼다.

우리 인생의 마지막 종점은 천국과 지옥인데, 이 책을 읽게 되면 천국에 대한 사모함이 마음속에 크게 일어나게 된다. 그리고 지옥의 실체가 생생하게 느껴지게 된다.

그뿐만이 아니다. 천국과 지옥 간증을 듣게 되면 하늘에 보물을 쌓는 신앙의 옷을 입는 일을 하는 것이다. 그리고 성도들의 믿음이 반석 위에 세워지며, 영혼 살리는 일에 보다 열심을 내게 된다.

우리 주님이 오실 때가 가까워지는 이때에 이 책을 읽으면 성도들의 잠자는 영이 깨어나고 살아나게 될 것이다. 그들의 영이 천국을 더 갈망하게 될 것이라 확신한다.

독자 여러분! 이 책을 꼭 읽어보시기 바란다. 여러분의 마음이 황홀하게 될 것이다. 나 역시 그런 황홀감을 느꼈다. 이 책을 읽고 우리 모두 슬기로운 다섯 처녀처럼 주님 맞을 신앙의 준비를 잘하자.

마라나타 운동 본부 대표, 송도 주사랑교회 담임목사

장상길 목사

추천사
03

너무나 생생하고 사실적이다.

저자는 젊은 나이에 목사 안수를 받고 지금까지 오직 한길을 걸어왔다. 주님께서 맡겨주신 성도들을 순간순간 바르게 양육하려고 애를 썼으며, 교회를 사랑하고 예수님을 자랑하는 일에 누구나 정성을 쏟았던 순전한 목회자이다.

김 목사가 성좌산 기도원에서 특별 작정 기도 기간 동안에 사후 세계인 천국과 지옥의 실체를 경험하게 된 것을 주님께 감사드린다. 천국과 지옥을 본 후 많은 간증 집회를 다니면서 우리 교회도 초청하게 되었다. 그런데 제1차 간증 집회를 마치고 너무나 생생하고 사실적인 간증에 큰 은혜와 도전을 받았는데 얼마 후에 다시 제2차 간증 집회를 요청드렸다. 성령의 강한 역사와 기름 부으심이 있어 큰 은혜의 시간이었다.

나는 교단의 선교사들을 양육하고 파송하는 직임을 맡은 목회자로서 선교사들이 선교 현장에서 겪는 어려운 사정과 그곳에서 힘들게 살아가는 현지인들에게 오직 위로와 희망을 주는 것은 우리의 구원자 예수님이시다. 이 예수님께서 십자가에서 피 흘려 죽으심은 지옥에 갈 수밖에 없는 죄인 된 인간을 천국으로 인도하시기 위함이다.

그러기에 예수 믿는 우리들이 세상 사람들에게 천국과 지옥을 분명하게 전하는 것이 사명이라 생각하며, 나의 목회 현장에서도 또 선교사들을 통해서도 천국과 지옥을 전하고 있다.

현재 시중에는 천국과 지옥에 관한 여러 책들이 나와 있다. 하지만 목사로서 본인이 직접 보고 경험한 천국과 지옥에 대한 이 책은 지금까지 우리가 듣고 있던 그 어떤 책보다도 더 실제적이고 구체적으로 설명한 책이라고 확신한다.

이 책이 세계 모든 언어로 출판되어 누구든지 읽어서 천국을 소망하며 살아가는 구원받는 백성들이 더 많아지기를 희망한다.

대신(大神) 선교대학원 원장, 교수, 새소망교회 담임목사

나성균 목사

추천사 04

천국과 지옥의 생생한 장면을 통해 한국의 종교인들에게 경종을 울리고 있다.

모든 종교는 인간의 문제들을 다루고 있지만, 죄로 인해 야기되는 죄책감과 인격 파탄으로 시작해서 영원한 죽음에 이르는 과정을 해결할 수 있는 진리를 제시하지 못하고 있다. 성경은 이 문제에 대하여 답을 제시하고 있다. 마태복음은 천국을 서른 두 번이나 언급하고 있고, 예수님은 공관복음에서 지옥에 관하여 열두 번이나 말씀하고 있다.

그런데, 종교는 과학이 아니므로, 종교적 진리를 검증하는 것은 어려운 문제이다. 그래서 종교적 진리는 머리로 재구성한 검증이 아니라, 몸으로 체험할 때에 그 실체를 알 수 있다. 가끔 그런 사람들이 있다. 김폴 목사가 펼쳐 놓는 천국과 지옥에 대한 체험담은 생생하게 천국과 지옥의 세밀화를 그리고 있다. 이 땅의 삶이 어떠하든지, 영원한 형벌의 장소인 지옥에 가지 않고 생명의 본향인 천국으로 가는 삶이 아름다운 인생임을 우리는 그의 체험을 통해서 인식할 수 있다.

오늘의 한국에서 우리는 종교들의 실패를 극명하게 목격하고 있다. 부정과 부패를 저질러야 관직에 나아가고 출세도 하고 돈도 벌고 행세도 할 수 있는 이상한 나라가 되고 말았다. 왜 그럴까? 18세기-19세기 영국에서 주일 낮에는 의젓한 종교인이고 밤에는 사창가에 다니던 신사들의 파탄난 이중인격, 이중생활이 한국에서는 더욱 진해지고 있는 이 판국에, 이 책은 큰 소리로 경종을 울리고 있다. 천국과 지옥이 있음을 안다면 종교는 진지해질 것이다.

아신대학교 총장 역임, 이스라엘 예루살렘대학 총장 역임, KBS 교향악단 사장 역임,
미국 고든-콘웰신학대학원 고고학연구소장 역임, 서울유니온교회 담임목사 역임,
현 에티오피아 발굴단 단장

고세진 박사

추천사
05

세상의 풍요와 쾌락에 중독되어 살아가는 이들에게 천국과 지옥에 대한 인식은 신앙의 좌표를 다시 잡아 줄 것이다.

과학의 발달은 세상을 빠르게 돌아가게 만들었고, 우리는 그 속도감을 피부로 느끼는 시대를 살고 있다. 물질 세계를 들여다보는 기술의 발달은 분자, 원자, 소립자 등으로 조금 더 작은 세계를 들여다 볼 수 있게 하였다. 또한 정보 처리 능력의 발달은 모두의 손에 셀폰을 하나씩 들고 다니게 해 주었다. 그러나 정보의 홍수 속에 이 속도감에 지친 현대인들은 피로에 지친 모습들이 역력하다. 그래서 혹자는 이 시대를 가리켜 피로 사회라고 불렀는지도 모른다. 과연 이러한 문명의 발달은 세상의 이치를 알게 해 주었고, 인간 사회는 더 살만한 사회로 되어 가고 있는가? 고대의 철인들로부터 지금까지 되묻고 있는 '시간이 무엇인가'라는 한 가지 물음에 대해서 철학자나 과학자들 모두 '모른다'고라고 답할 뿐이다. 그럼에도 불구하고 현대인들은 마치 시간이 멈춘 것 같은 착시 속에 풍요와 쾌락에 점점 더 중독되어가는 모습이다. 이 책의 저자 김폴 목사는 자기 의에 갇혀 스스로 분노하는 이들과 인생의 고삐를 놓치고 절망하는 현대인들에게 그 올무에서 벗어날 수 있는 하나의 길은 천국과 지옥을 의식하며 사는 것이라고 말한다. 인간의 삶 속에 참된 쉼과 회복과 치유는 창조주이신 하나님을 바라볼 때에만 가능하다. 바쁜 일상 속에 현대인들이 잊고 살아가는 천국과 지옥에 대한 인식은 신앙의 좌표를 다시 잡아줄 것이다. 이 책은 천국과 지옥을 의식하며 사는 자에게 어떤 변화가 오는가를 분명하게 보여주고 있다.

서울성경신학대학원대학교 구약학 교수

장성길 박사

추천사 06

'이름뿐인 성도', '명목상의 가짜 성도들'이 만연한 종말의 때에 큰 영적 울림을 주는 책이 될 것이다.

밴쿠버에는 여러 이단 교회들과 그 본부들이 있다. 그중의 하나 '제 칠일 안식일 교회'는 인간의 영혼이 영원히 사는 것(영혼 불멸)을 믿지 않는다. 그들은 영혼 멸절설을 믿는다. 사람이 죽으면 영혼도 같이 죽어 없어진다고 믿기 때문이다. 그래서 그들은 지옥을 믿지 않는다. 여호와의 증인들이 지옥을 믿지 않는 것처럼 오늘날 천국과 지옥을 생각하며 살아가는 깨어있는 크리스천이 과연 얼마나 될 것인가는 목사인 나의 오랜 고민과 아픔이다. 천국과 지옥을 설교하는 목사도 많지 않고, 천국과 지옥을 바라보며 믿음 생활을 온전히 하는 성도들도 찾아보기 힘들다. 실로 말세의 마지막 때이다.

1747년 감리교를 창시한 영국의 존 웨슬리는, "나는 내 눈앞에 항상 천국과 지옥 둘 다를 있게 하고 싶다. 매일 이 둘을 생각해 본다는 것은 모든 사람들을 이성적이고 신앙적으로 만들 것이라고 생각한다.'라고 말했다.

1865년 영국 런던에서 하나님의 음성을 듣고 '구세군'(Salvation Army)을 창설한 윌리엄 부스 목사는 이렇게 말했다.

"나의 사랑하는 구세군 신학교 학생들이 4년 동안 공부하느라 고생을 하지만 내가 가장 하고 싶은 일은, 신학생들을 10분 동안만 지옥에 데리고 가서 그 끔찍한 모습을 다 보여주고 싶다. 구세군 신학교 4년간의 교육보다, 무섭게 불타는 지옥에서의 10분이 훨씬 더 효과적이고 유익하다고 본다. 그러면 예수님의 십자가 복음을 전하지 않고는 견딜 수 없는 심정으로 불타게 될 것이다."

하나님은 완악하고 고집스럽고 교만한 죄인인 우리를 사랑하셔서 기독교 역사 속에서 잊을 만 하면 또다시 영적인 잠을 깨어 정신을 차리라고 '천국과 지옥'을 보고 온 하나님의 사람들을 세우셨다. 스웨덴 보리, 썬다싱, 리처드 백스터, 메리 캐더린 백스터, 하워드 스톰 등의 외국인과 한국의 이옥화, 토마스 주남, 박용규 목사, 신성종 목사 등이 그들이다. 이제 김 폴 목사님도 그 반열에 서게 되었다. 참으로 귀한 부르심이다.

왜 하나님은 이토록 동서양을 넘어 많은 주의 종들을 불러 '천국과 지옥'을 열어 보여주고 계실까? 성전 뜰만 밟고 가는 '이름뿐인 성도', '명목상의 가짜 성도들'이 너무나 많이 양산되고 있기 때문이고, 그들 중 대부분이 지옥으로 떨어져 가고 있음을 눈물로 아파하시기 때문일 것이다. 나는 유튜브를 통해 몇 번이나 김폴 목사님의 간증을 들어본 적이 있다. 반가운 메시지였다. 킹덤북스에서 김폴 목사님의 간증집이 출간된다고 하니 매우 감사한 일이다. 아무쪼록 이 귀한 간증집을 통해 읽는 사람마다 "보는 눈, 듣는 귀, 깨닫는 마음"(신 29:4)으로 믿음의 문이 활짝 열려 우리 구주 예수 그리스도의 십자가 복음으로 살아나는 이가 많아지기를 기도한다. 지금은 지옥을 심각하게 의식하며 '한 영혼'이라도 구원하려고 애써야 할 종말의 때이다. 한국과 전 세계의 교회와 성도들이 '마지막 때'라고 느끼고 있는 이때에 정신을 번쩍 차리게 만드는 김폴 목사님의 천국과 지옥에 대한 생생한 간증을 담은 책이 나왔다는 것은 고마우신 우리 하나님의 애타는 눈물과 따뜻한 사랑의 배려일 것이다. 방황하는 한 영혼이라도 이 글을 읽고 영적인 '눈 뜰 수만 있다면' 우리 하나님이 얼마나 기뻐하실까?

"내가 너희에게 이르노니 이와 같이 죄인 하나가 회개하면 하늘에서는 회개할 것 없는 의인 아흔 아홉을 인하여 기뻐하는 것보

다 더하리라"(눅 15:7)

밴쿠버 목사회 증경회장, 호산나 한인교회 담임목사

이진우 목사

추천사 07

이 간증은 섬뜩하고 놀라운 전율을 느끼게 하며 다시 한번 마음을 추스르게 할 것이다.

단테(A, Dante)의 『신곡』은 천국과 지옥의 이야기를 풀어내는 대서사시다. 형용사가 거의 없이 주어, 동사로만 이루어진 그의 글이지만 난해하여 천국과 지옥의 교훈을 학문적으로 접근하게 만든다. 그 이유는 단테가 당대 사람들과 접촉점을 찾기 위해 그리스의 서사시와 철학을 바탕으로 했기 때문이다. 단테는 자신이 가장 존경했던 로마의 시인 베르길리우스를 지옥의 안내자로 그리고 자신이 짝사랑했던 사랑의 여신인 베아트리체를 천국의 안내자로 설정한다. 당시 대부분의 사람들에게, 천국은 날개 달린 사랑의 여신에 의해 올라가는 것으로 생각했기 때문이다. 단테의 신곡을 읽고 영혼의 변화가 일어난다는 것은 쉬운 일이 아니다.

창세기 3장을 바탕으로 쓰여진 밀턴(J, Miltoh)의 『실낙원』은 이후의 모든 문학인들이 본받아야 할 교과서가 될 정도로 유려하고 아름다운 형용사가 동원된다. 인간의 타락과 사탄의 유혹, 천상의 모습을 표현한 그의 필력은 우리의 혼을 빼앗아 간다. 그의 글이 우리를 성경의 진실로 인도하는 것은 사실이지만 우리의 영혼이 깨어나기보다는 작가의 문학적 상상력과 매혹에 더 쉽게 빠져들게 만든다.

천국과 지옥의 실존을 깨닫기 위해 고상할 필요는 없다. 본회퍼(D. Bonhoeffer)는 "단순함이란 무엇이며, 현명함이란 무엇인가 질문한다. 이 둘은 어떻게 하나가 되는가? 온갖 개념들의 왜곡과 혼란과 요동 속에서도 오직 하나님의 순수한 진리만을 바라보는 자, 두 마음(약 1:8)을 지니지 않고 분열되지 않는 마음을 지닌 자만 가능하다"고 했다.

김폴 목사님의 이 책은 형용사도 없고 고상하지도 않다. 창작이 아니라 자신이 본대로 기록되었기 때문이다. 누구나 이 책을 읽는 사람이라면, 사전지식이나 문학적 상상력 없이도, 성경의 말씀으로 인도함을 받게 된다. 그리고 그 영혼이 깨어난다. 이 단순한 글에 섬뜩하고 놀라운 전율을 느끼게 된다. 이 글을 만날 수 있어서 다행이다. 다시 한번 마음을 추스르게 된다.

양지평안교회 담임목사

박종서 목사

추천사 08

이 책은 영원한 하나님 나라 천국의 소망을 두고 거룩하게 살아가는 성도들에겐 큰 위로와 소망의 확신을 줄 것이다. 하지만 세상 쾌락의 술에 진탕 취해 살아가는 자들에겐 섬뜩한 지옥의 경고음에 삶을 다시 돌아보게 될 것이다.

이 땅에 태어난 모든 인간은 죄로 인해 하나님의 엄혹한 심판을 받아 한 번 죽어 그 영이 천국과 지옥으로 가지만 인간의 육체와 영혼은 결코 멸절되어 사라지지 않는다. 곧 인간으로 한 번 태어난 이상 인간 존재 자체는 결코 없어지지 않는다는 점이다. 요한계시록의 말을 빌리면 인간은 죽고 싶어도 결코 죽을 수 없다(계 9:6). 인간 존재는 그만큼 소중하다. 성경은 천국과 지옥에 관하여 수없이 말하고 있다. 특히 마태복음에서는 천국에 대해서 32번이나 기록하고 있으며, 지옥에 관하여 공관복음에서 예수님이 직접 12번 언급하고 있다.

기도의 사람인 김폴 목사는 여러 가지 영적 체험을 많이 했는데 그중 천국과 지옥을 직접 체험한 하나님의 은총을 입은 놀라운 목회자이다. 그의 생생한 천국과 지옥 간증은 인간의 이성의 힘으로는 다 헤아릴 수 없지만 천국과 지옥의 세밀화(細密畵)를 그리고 있다. 깡통지옥의 저자 김상호 장로도 깡통을 차고 이 땅에서 빌어먹는 비참한 생을 살지라도 하나님을 섬기지 않고 살다가 죽어 죄인이 받아야 할 영원한 형벌의 장소인 지옥은 절대 가지 말아야 한다고 강력히 역설한다.

이 책은 영원한 하나님 나라 천국의 소망을 두고 거룩하게 살아가는 성도들에게 큰 위로와 소망의 확신을 줄 것이다. 하지만 천국의 소망에 둔감한 채 경제적 풍요와 세상의 쾌락에 함몰되어 세상의 술에 진탕 취해 순간 폭발처럼 닥치는 죽음의 종말 앞에 설 것을 전혀 잊은 채 살아가는 영혼들에게 탈출 희망이 전혀 없는 영원한 고통의 늪과 공포 속에서 질식할 듯 묘사된 지옥의 생생한 장면은 강력한 경고음(警告音)이 될 것이다.

춘천 주향교회 담임목사

이병철 목사

추천사 09

이 책이 전 세계 열방에 보급되어 지옥 가는 영혼이 더 이상 없도록 쓰임 받는 강력한 물맷돌(slingstone)이 되기를 소망하며 강추합니다.

『뷰티풀 천국 쇼킹 지옥』이 새롭게 단장되어 출간된다는 소식을 들으면서부터 기대되는 마음이 무척 컸습니다. 영적 체험이 깊으신 김폴 목사님의 천국과 지옥 간증이 10년을 훌쩍 넘어 다시 새 옷을 입는다 해도 성경이 수천 년이 지나도 길이요 진리이신 예수님이 변하지 않듯이 김폴 목사님의 간증은 짜집기로 변해버린 현금의 많은 천국과 지옥 간증들과는 차원이 사뭇 다릅니다. 김 목사님의 간증은 오직 주님이 보여주신 그대로 말씀과 함께 전달하기에 20년이 지난 지금 다시 들어도 사실적 고백이 될 것이라 확신합니다. 이 책이 전 세계 열방에 보급되어 알려져 지옥 가는 영혼이 더 이상 없도록 쓰임 받는 강력한 물맷돌(slingstone)이 되기를 소망하며 강력히 추천합니다.

성좌산 기도원 원장

박훈식 목사

추천사 10

우리 시대 다시금 영적 경종을 울리는 강력한 메아리가 될 것이다.

오늘날 물질문명과 쾌락이 중심이 된 시대에 '천국과 지옥'이라는 주제는 많은 이들에게 잊혀진 단어처럼 들릴 수 있다. 그러나 성경은 분명히 천국과 지옥의 실재를 선포하고 있다. 사도 바울은 "그가 낙원으로 이끌려 가서 말할 수 없는 말을 들었으니 사람이 가히 이르지 못할 말이로다"(고후 12:4)라고 증언하였고, 예수님은 공생애 동안 "회개하라 천국이 가까웠느니라"(마 3:2)고 선포하셨다. 또한 "저주를 받은 자들아 나를 떠나 마귀와 그 사자들을 위하여 예비된 영영한 불에 들어가라"(마 25:41)는 말씀으로 지옥의 실체를 알리며 경고하셨다.

김폴 목사님의 간증집 『뷰티풀 천국 쇼킹 지옥』은 이러한 성경 말씀을 교리적 설명이 아닌 직접 체험을 통해 생생히 증언함으로써 우리로 하여금 말세의 때에 깨어있는 신앙을 붙잡게 한다. 이 책은 단순한 신앙 에세이가 아니라, 마지막 시대를 살아가는 성도들에게 주시는 하나님의 경고이자 초청장이다. 천국의 영광을 사모하게 하고, 지옥의 현실 앞에서 회개와 복음 전도의 열정을 회복하게 한다.

천국의 아름다움과 지옥의 실상을 체험한 저자의 간증은 단순히 감정적인 이야기가 아니라 성경적 진리와 일치된 강력한 복음의 메시지이다. 이 책을 읽는 모든 그리스도인들은 더욱 천국을 소망하며 거룩하게 살아가길 바라고, 아직 믿지 않는 이들은 회개하여 구원의 길로 돌아오기를 간절히 소망한다. 주님께서 마지막 때 교회를 향해 보내신 이 경고의 나팔 소리에 귀기울이길 바란다. "나더러 주여 주여 하는 자마다 천국에 다 들어갈 것이 아니요 다만 하늘에 계신 내 아버지의 뜻대로 행하는 자라야 들어가리라"(마 7:21)는 말씀처럼, 이 책은 우리의 신앙을 다시 한 번 진지하게 돌아보게 한다.

미국 린치버그한인교회 담임목사, 워싱턴한인목회연구원 원장, 워싱턴지역교역자회장

이택래 목사

추천사 11

성도들의 믿음이 반석 위에 세워지게 도와준다.

김폴 목사는 내가 오랫동안 지켜보며 함께한 동역자이다. 주님 앞에 신실한 종으로 드려진 삶을 볼 때 믿음으로 살고자 순종하고 애쓴 여정이라고 할 수 있다. 목회자로서 대인관계에 있어서도 부드러움과 아름다운 섬김은 늘 타의 본이 되었다.

변화의 시대에 많은 목회자들이 이구동성으로 하는 말은 목회가 점점 힘들어 진다는 것이다. 그러나 주님은 위기 속에서도 계속 일하고 계신다. 태초부터 찾아오신 주님은 사람을 통하여 일하시고 계신다. 이번에도 그분의 뜻을 이루고자 하는 강력한 의지를 드러내셨다.

김 목사에게 보여준 천국과 지옥을 경험한 내용을 간증 집회를 통해 들었을 때 육적인 땅의 목회가 아니라 성령에 붙들려서 하는 하늘의 목회를 해야겠다고 마음속에 깊이 생각했다.

이 책을 읽는 분들이 그리스도인이라면 하늘의 소망을 주신 주님께 무엇을 목적으로 살아야 될 것인가를 알게 될 것이다. 그러면서 성도들의 믿음이 반석 위에 단단히 세워지리라 확신한다. 또 믿지 않는 분들이 이 책을 읽게 되면 죄의 무서움을 알고 예수 그리스도를 믿게 되는 계기가 되고 천국을 소망하며 살아가게 될 것이다.

모든 그리스도인들은 언젠가는 주님 앞에 서는 날이 올 것을 알고 있다. 이 책을 통해 늘 기름을 준비하며 살아야 하는 것을 깨닫게 된다. 그리스도인이 가져야 할 소망에 대한 구체적인 방향과 목적을 드러내고 있는 이 책을 기쁘게 추천한다.

예광제일교회 담임목사

정대규 목사

추천사 12

천국과 지옥에 대해 신앙관이 분명히 정립된다.

1950년대 초반 제2차 세계 대전을 승리한 영국은 안정기에 접어들었다. 그런데 사회 전체가 도덕적 타락과 신앙의 급속한 쇠퇴로 인해 젊은이들이 교회를 떠나고 많은 문제들이 일어나기 시작했다. 여러 가지 교육과 사회적 시스템을 만들어 시도해봤지만 잘 정리되지 않았다. 그러자 당시 처칠 수상이 외쳤다.

"오늘날 영국이 이렇게 젊은이들과 사회가 타락한 이유는 모두 다 목사들의 책임입니다. 목회자들이 강단에서 천국과 지옥에 대한 설교를 하지 않기 때문에 사람들이 하나님을 무서워하지 않고 자기 마음대로 살아가는 것입니다. 영국이 다시 수준 높은 국민과 사회로 살려면 목회자들이 강단에서 천국과 지옥을 분명히 설교해야 합니다."

오늘날 한국 사회와 교회 안에도 무질서와 방탕함이 너무 심하다. 이 또한 처칠의 말처럼, 바른 내세관이 분명하지 않은 데서 오는 현상이 아닌가 싶다. 사후 세계에 대한 분명한 신앙관이 정립된다면 방탕한 삶을 살지 않게 될 것이다. 목회자로서, 또 다음 세대를 바라보는 어른으로서 자녀들 세대와 이 사회를 바라볼 때마다 안타까움은 이루 말할 수 없다.

그런던 차에 김폴 목사님을 알게 되어 본인이 시무하는 교회에 두 번이나 모시고 천국 지옥 간증 집회와 부흥회를 열게 되었다. 얼마나 은혜가 되었는지 모른다. 또한 성경적이며 얼마나 감동이 되었는지 본인을 비롯하여 온 성도들이 큰 은혜를 받았다. 그리고 신앙의 새로운 무장과 천국과 지옥에 대한 확실한 믿음을 갖게 되었다. 그냥 집회에서만 듣기에는 너무나 아깝고 아쉬웠는데 이번에 책으로 출판한다는 소식을 들으니 반갑기 그지없다.

이 일은 성령님께서 한국 교회를 위해 행하시는 일이라고 믿어 의심치 않는다. 이 책이 많은 성도들과 목회자들의 무기력하고 잠든 믿음을 깨우며, 신앙의 재무장과 분명한 내세관을 준비시키고 삶을 변화시키는 하나님의 거룩한 도구요 음성으로 널리 전파되고 읽혀지기를 바란다. 목사님으로 하여금 책을 펴내게 하시고, 확실하게 존재한 사후 세계를 증거하게 하신 주 예수 그리스도께 영광과 찬미를 기쁨으로 올려 드린다.

이 시대에 이 책을 펴내게 하신 뜻은 한국 교회와 목회자들과 성도들을 사랑하셔서서 이제는 깨어 일어나서 주의 뜻과 구원 역사의 파수꾼으로 일하길 원하시기 때문이라고 생각한다. 이 책을 읽는 모든 사람들에게 하나님의 크신 은혜가 함께하길 예수님의 이름으로 축복한다.

목양교회 담임목사

윤병희 목사

추천사
13

본 것을 땅 끝까지 전하는 증인이 되라!

김폴 목사님이 우리 기도원을 처음 찾아왔을 때 그분은 많이 지쳐 있었고, 건강도 좋지 않아 보였다. 그래서 속으로 생각하기를 '저 목사님, 저런 몸으로 어떻게 목회를 했을까?' 하는 안타까운 마음이 들어 마음이 아팠다.

그러나 하나님께서는 작정 기도를 목적으로 우리 기도원을 찾아오신 목사님에게 큰 은혜를 주셨다. 자신의 목회를 돌아보며 회개의 눈물도 많이 주셨고, 기도도 많이 하게 하셨다. 그 결과 매 시간 하나님의 은혜에 사로잡혀 성령 충만한 모습으로 행복해하는 모습을 보았다.

그런 가운데 하나님께서는 목사님에게 육신의 연약함을 직접 치료하셨고, 영적으로 회복의 축복을 주셨다. 또한 깊은 기도 중에 하늘의 문을 열으셔서 천국과 지옥을 여러 번 세밀하게 보게 하셨다. 이 모든 일들을 함께 목격할 수 있었다.

하나님께서는 김 목사님에게 "본 것을 땅 끝까지 전하는 증인이 되라"는 특별한 사명을 주셨다. 주님 오실 날이 가까운 이 시대에 천국과 지옥을 분명하고도 사실적으로 경험하게 하신 것은 지금도 지옥 가는 수많은 사람들 중에 한 영혼이라도 더 살리시기를 간절히 바라시는 주님의 마음이라 생각한다.

또한 예수 믿어 구원받은 성도들이 이 땅에서도 하나님을 잘 섬기고, 천국에서도 세세토록 왕 노릇 하기를 바라시는 주님의 뜻을 전하는 증거자의 사명을 잘 감당하기 바라시는 주님의 심정이라 생각한다.

"축하합니다. 복 받으셨습니다."

이 책을 읽으시는 모든 분들이 천국과 지옥에 대해 깊은 은혜를 체험하실 것이라 확신한다.

성좌산 기도원 원장

故 최양자 권사

이 책을 시작하며

천국과 지옥을 경험하게 된 동기

나는 대구에서 3남 2녀 가운데 넷째로 태어나, 초등학교 4학년 때부터 교회를 다니기 시작했다. 나의 영적 아버지로서 서대구 교회를 담임하셨고 지금은 미국 탈북자 고향 선교회 대표이신 윤요한 목사님 아래서 신앙 훈련을 받으면서 성장했다. 중학교 때 성령 충만을 받았다. 그 후 나는 교회 중심의 삶으로 바뀌었다. 고등학교 때는 많은 친구들을 전도했는데, 학교에서 친구들이 나를 '할렐루야!' 또는 '김 목사'라고 별명을 부르기도 했다. 교회 활동을 할 때는 목사님, 사모님을 영적인 부모라 생각하여 항상 목사님 말씀에는 순종하려고 애를 썼다.

그 후 신학대학교를 다니면서 교육전도사 생활을 했으며, 신학대학원 시절에 처가 쪽으로 3대째 신앙생활을 하고 있는 지금의 아내를 만나 교회에서 결혼을 하였다. 하나님께서는 딸 둘을 선물로 주시어 큰딸은 대학을 졸업하고 전도사로 사역하고 있으며, 작은 딸은 우리은행에서 근무 중이다.

나의 목회는 부교역자 생활 10년을 거친 후, 1994년 경기도 의정부에서 폐허가 된 허름한 집을 얻어 개척을 시작했다. 이 교회를 12년 섬겼는데 당시 의정부 외곽에 위치해 있어서였는지 6년 동안 교인 하나 없이 우리 식구 6-7명이 예배를 드려야 했다. 목회에 대한 고통과 아픔이 너무 컸지만 지금 돌아보면 당시에 버틸 수 있었던 어떤 힘이 있었다. 그것은 윤석전 목사(연세중앙교회 담임)의 설교 메시지가 어려움 가운데 있던 나에게 영적으로 큰 힘을 주고 붙잡아주었기 때문이었다.

"여러분, 한눈 팔지 말고 오직 말씀으로 해야 합니다. 오직 기도해야 합니다."

윤 목사님의 메시지는 흔히 듣는 말씀이었음에도 내 처지가 간절하고 영적으로 목말랐기 때문인지 내 마음과 영을 만져주기에 충분했다. 어느 하루만이 아니라, 휜둘산 기도원의 목회자 세미나와 그 교회에서의 설교를 계속 듣는 중에 믿음과 힘과 용기를 얻을 수 있었다.

그렇게 목회의 어려움을 극복하면서 점차 은혜 가운데 교회가 성장하였고, 교회를 건축하게 되었다. 그리고 2006년 11월에 지금 섬기는 교회로 부임하여 지금까지 시무하고 있다.

그러나 목회를 해오는 가운데 교회 안팎의 여러 가지 일들로 인해 몸도 마음도 많이 지쳐 있었다. 무엇보다도 몸이 많이 병들어 있었다. 얼굴색은 검누런 색깔로 변해가고 있었고, 가족들과 주변 사람들은 "목사님, 얼굴빛이 너무 좋지 않으세요" 하면서 걱정을 했다.

아내가 내게 이렇게 권유까지 했다.

"목사님, 더 큰 병원으로 가서 검사를 받아보십시다."

병원에 가고 싶은 마음이야 굴뚝 같았지만 경제적인 부담감 때문에 핑계를 대며 차일피일 미루었다.

"별일은 없을 거야. 괜찮아."

하지만 피로가 계속 누적되다 보니 쉽게 지치기 일쑤였다. 몸무게는 눈에 띄게 빠져 내 키에 60킬로가 겨우 됐고, 무엇보다도 성격이 날카롭게 변해가는 모습을 볼 수 있었다. 목사로서 기도의 은혜로 나 자신을 다스리고는 있었지만, 순간순간 머릿속에는 이런 생각이 스쳐갔다.

'정말 이러다 천국에 빨리 갈 수도 있는 것 아닌가!'

나는 이런 생각이 들 때마다 십자가의 주님을 생각하며 마음을 단단히 먹곤 했다.
사실 나는 2010년 11월에 강남 내과 병원에서 종합 진단을 받기도 했다. 검사 결과 담당의사가 내게 이렇게 말했다.

"몸 전체에 문제가 많이 생겼습니다. 심장이 많이 부었고, 특히 지방간이 심하기 때문에 최대한 활동을 줄이고 쉬어야만 합니다."

그 후 2011년 5월까지 약 7개월 동안 4개월분의 종합치료제 약을 먹으면서 건강 회복을 위해 치료하였다. 그러나 건강보험 혜택이 되지 않는 약이 있어 약값 때문에 그만 중단하고 말았다.

나는 나름대로 목회를 열심히 했다. 하지만 교회는 생각대로 크게 부흥되지 않았다. 이로 인해 심리적으로 많은 고민과 갈등을 겪고 있었다.

그러한 중에 동선교회 박재열 목사님이 사역하시는 '작은 교회 살리기'에서 1년 동안 훈련을 받으며 영혼 구령에 대한 열정을 배울 수 있었다. 그럼에도 불구하고 이것 역시 어떻게 하면 우리 교회에 접목하여 잘 할 수 있을까를 고민 중에 있었다. 그리고 한국 교회가 어떻게 하면 세상 사람들에게 더 많은 소망을 주는 교회로 발전할 수 있을까를 나름대로 기도하고 있었다.

이런저런 고민과 함께 여러 문제를 안고 계속 기도하고 있었다. 그런데 늘 가까이에서 영적인 협력자로 교재를 나누는 이명례 목사님이 내게 이렇게 권유하셨다.

"김 목사님, 기도원 한번 다녀오시는 것이 좋지 않겠어요? 목사님을 생각할 때마다 주님께서 마음에 감동을 주시네요."

그러면서 이 목사님이 기도원 갈 경비까지 후원해 주셨다.

그 후 나는 두 가지 기도 제목을 붙잡았다. 하나는, 엘리사가 엘리야를 찾는 심정으로 살아 계신 하나님을 더 깊이 체험하고 싶은 소망을 갖는 것이고, 다른 하나는, 이 시대에 하나님께서 쓰시는 신실하고 능력 있는 종들 가운데 한 사람을 만나고 싶은 간절한 마음이 생겼다.

나는 그러한 주님을 향한 열정을 가지고 좋은 기도원을 찾게 되었다. 사실, 약 10년 전에 가까운 사람으로부터 한 기도원을 소개받은 적이 있었다. 하지만 그때는 마음과 형편이 기도원까지 가서 기도해야 할 만큼 간절함이 없어 그냥 지나치고 말았다.

그런데 10년이 지난 지금에 와서야 그 기도원이 기억났다. 하나님의 카이로스의 타이밍이었다. 하나님께서 기도할 장소까지 감동해 주신 것이다. 나는 교회 장로님들과 의논 후 특별 작정 기도를 위해 휴가를 받았다.

그렇게 하여 나는 전라남도 나주시 세지면에 있는 성좌산 기도원으로 향하게 되었다.

천국과 지옥을 경험하게 된 과정

성좌산 기도원에 도착하자마자 나는 진정으로 하나님의 은혜를 구했다.

"주님, 나를 불쌍히 여겨주옵소서. 더욱 주님만을 사랑하게 하옵소서. 회개의 은혜를 내려주소서."

나는 2011년 11월 21일(월)부터 12월 10일(토)까지 성좌산 기도원(전남 나주시 세지면 금교로 260-73)에서 3주간 작정 기도에 들어갔다. 기도를 하는데 하나님께서 처음 2주간은 많은 눈물을 동반한 회개의 은혜를 주셨다.

"하나님! 목회자다운 삶을 살지 못함을 회개합니다. 목사로서의 삶이 부족한 것을 용서해주옵소서. 여호수아의 말씀을 기도 가운데 받았지만 제 마음 가운데 빨리 부흥시키고자 하는 조급증이 있었음을 회개합니다. 이 기도 기간을 통해 한 영혼의 소중함을 알고 그 영혼을 잘 돌보고 양육함을 깊이 깨닫게 하시니 감사합니다. 원하옵기는, 주님 보시기에 육적인 목사의 모습을 다 용서해주시길 원합니다."

그런 가운데 기도원 원장님이 설교 시간에 놀라운 말씀을 해주셨다.

"하나님께서 목사님의 간암 초기를 치료하셨으며, 목사님의 생명을 연장시켜 주셨습니다."

2주간 회개 기도를 시키신 하나님께서는 이렇게 영적인 회복과 함께 육신의 약한 부분도 만지시며 치료해주신 것이다.

12월 3일 토요일 저녁기도회 때였다.
나는 야곱이 얍복강에서 천사와 씨름을 하며 간절히 기도했던 것처럼, 나로 하여금 강한 회개와 서원의 기도를 하게 하셨다.

"사랑의 주님, 이제까지 나의 모든 부족함을 받아주시고 용서해주셔서 감사합니다. 더 낮아지고 겸손하도록 은혜를 주옵소서. 끝까지 충성하라 하셨사오니 목회하는 동안 맡겨주신 목사의 사명을 충성스럽게 감당하도록 힘주시고 능력을 주시옵소서."

나는 이번 3주간 작정 기도를 통해 쇠약해진 몸을 회복하고 성령으로 새롭게 될 것으로 생각하고 기대하였다. 그때까지도 나에게 천국이 열릴 줄은 꿈에도 몰랐다. 전혀 생각도 하지 않았었다.

그런데 다음날 12월 4일 주일 새벽 예배 후부터 12월 9일 금요일 새벽 예배 후까지 새벽에 평균 90분, 저녁에 평균 90분 정도 천국과 지옥을 연속적으로 보게 되었다.

여러 수십여 명이 기도하는 시간에 나도 통회하며 회개의 기도를 계속 하고 있었다. 그런데 갑자기 깊은 기도 중에 나의 몸의 움직임이 마치 새처럼 바람을 타고 공중에 떠오르는 것을 느꼈다. 이것은 순식간이었다. 오랫동안은 아니지만 시간이 흐르는 것조차 몰랐다. 그러나 무섭거나 겁이 나지는 않았다. 마치 영화를 보는 것 같았다.

내가 마음에 어디를 보고 싶다고 하면 그곳에 사뿐히 내려 볼 수 있었다. 나의 기도의 깊이가 더 할수록 사후 세계인 천국과 지옥을 더 세밀하게 볼 수 있었다. 지옥에서는 여러 장소를 방문해 많이 보게 되었고, 천국에서는 반복해서 보게 되었다. 이것은 내가 목사이기에 목회 차원에서 성도들을 깨우고 성도들이 영생의 나라 천국집을 믿음으로 잘 준비해서 오기를 바라시는 주님의 뜻이라는 생각을 했다.

무엇보다 내가 기도할 때는 주변에 20여 명의 성도들이 함께 기도하고 있었다. 나중에 그들이 마치 중계 방송을 하는 아나운서처럼 내 입술을 통해 고백되어지는 천국과 지옥에 관한 내용을 듣고 있었다.

사실 천국과 지옥을 영화를 보듯 보지 않고 그 현장의 느낌을 그대로 내가 받았더라면, 지옥의 장면에서는 내

심장이 멈추고, 오장육부가 파열되고, 뼈가 녹아내리고 말았을 것이다. 뿐만 아니라 인간의 언어로 다 표현할 수 없는 너무나 아름다운 천국 현장의 느낌을 그대로 내가 받았더라면, 천국이 너무나 가고 싶고 그리워서 죄 많은 이 세상에서는 단 1초도 살 수가 없을 것이다.

그러기에 깊은 기도를 통해 천국과 지옥을 경험한 것은 마치 한 편의 긴 영화를 본 것 같은 마음이었다. 내가 기도를 통해 천국과 지옥을 경험하게 되었을 때 내 안의 주님께서 이렇게 말씀하셨다.

"사랑하는 종아! 네가 목사로서 천국과 지옥을 세상에 알리기 위해 이것을 보게 되었다. 그러니 네가 본 것을 담대히 전하되, 설명하거나 가르치려 하지 말라! 본 그대로 전할 때 그것을 듣고 사모하는 자에게 내가 그 속에서 역사할 것이다."

그 말씀과 함께 "끝까지 겸손하여 낮아지고 순종하라"

고 하셨다.

뿐만 아니라 주님께서는 "누구든지 천국과 지옥의 복음을 전하는 자에게는 축복의 통로로 쓸 것이다. 그리고 천대까지 복을 주겠다"고 말씀하셨다.

> 디모데후서 3:1-5
> "너는 이것을 알라 말세에 고통하는 때가 이르러 사람들이 자기를 사랑하며 돈을 사랑하며 자랑하며 교만하며 비방하며 부모를 거역하며 감사하지 아니하며 거룩하지 아니하며 무정하며 원통함을 풀지 아니하며 모함하며 절제하지 못하며 사나우며 선한 것을 좋아하지 아니하며 배신하며 조급하며 자만하여 쾌락을 사랑하기를 하나님 사랑하는 것보다 더하며 경건의 모양은 있으나 경건의 능력은 부인하니 이 같은 자들에게서 내가 돌아서라."

그리고 시간이 갈수록 사람들의 심령은 완악하고, 강퍅하며, 영적인 것보다는 육적인 것을 추구하기에 구원받는 성도들이 성령 충만하여 하나님이 주시는 신령한 은혜를 사모하며, 믿음으로 살고자 애쓰는 신실한 자들에게 앞으로 천국과 지옥을 경험하는 은혜가 더 많이 열리겠다는 생각을 했다.

천국과 지옥을 본 후 몸에는 많은 변화가 찾아왔다.
이전엔 조금만 활동하면 쉽게 피로감을 느껴 몸이 지쳐서 앉고 싶고, 눕고 싶었는데 이런 마음이 사라졌다. 그러면서 무엇을 먹어도 입맛을 별로 느끼지 못했던 입맛이 돌아왔다. 그리고 몸에는 항상 열이 있는 것처럼 혈액순환이 잘 되는 느낌을 받았다. 무엇보다도 얼굴빛이 붉어지면서 밝고 건강한 얼굴색으로 바꾸어졌다.
그 외에도 몸과 마음에 많은 변화와 함께 증거들이 나타났다. 특히 변화 중에 가장 큰 변화는 창세기 5:24에 "에녹이 하나님과 동행하더니"라는 말씀이 나의 삶에 더 깊이 체험되어지고 있다는 것이었다. 할렐루야!

요한복음 15:15

"이제부터는 너희를 종이라 하지 아니하리니 종은 주인이 하는 것을 알지 못함이라 너희를 친구라 하였노니 내가 내 아버지께 들은 것을 다 너희에게 알게 하였음이라."

죄인 된 인간이 감히 주님을 표현한다는 것은 너무나 조심스럽고 두려운 일이라 생각된다. 하지만 내가 만난 우리 주님은 너무 좋으셔서 내 안에 계신 것 같기도 하고, 내 우편 곁에서 나와 함께 동행하시는 분으로 이해되었다.

인간의 성품을 가지신 주님은 얼마나 사랑이 많으시고 인자하신지 오래된 고향 친구보다도 더 가깝게 편안한 마음으로 함께 할 수 있는 분이셨다. 그런 예수님께 붙들린 바 되어 천국과 지옥을 볼 수가 있었으니 얼마나 행복한가!

2025년 10월
저자 김폴 목사

> 목차

일러두기 • 04
추천사_故윤요한, 장상길, 나성균, 고세진, 장성길, 이진우, 박종서, 이병철, 박훈식, 이택래, 정대규, 윤병희, 故최양자 • **05**
이 책을 시작하며 • 33

제1부 아름다운 천국 • 51

01 | 천국은 햇빛보다 더 밝은 곳이다 • 52
02 | 천국엔 생명책이 있다 • 56
03 | 생명책 외에 행위책들이 있다 • 58
04 | 천국에는 크고 작은 황금 집들이 많다 • 62
05 | 천국은 현재 공사 중이다 • 65
06 | 천국에는 많은 보물 창고가 있다 • 69
07 | 황금 대접을 들고 왕래하는 천사들이 있다 • 73
08 | 이 땅에서 활동하는 천사도 있다 • 78
09 | 하늘나라 천사도 보았다 • 81
10 | 천국 거리도 보았다 • 85
11 | 천국에는 동물원도 있다 • 88
12 | 하늘나라 여가 생활도 보았다 • 91
13 | 큰 성과 같은 집 내부를 보았다 • 95
14 | 개인 집이 없는 사람도 있다 • 103
15 | 나를 실망시킨 나의 천국 집 • 107
16 | 천사들이 황금 집을 짓고 있구나! • 111
17 | 천국 잔치가 벌어지고 있었다 • 114

18 | 잔치를 준비하는 장면도 보았다 • **119**
19 | 천국 입성 환영식 • **122**
20 | 요단강은 천국성 앞에 있구나! • **125**
21 | 이름이 지워진 황금 집도 있다 • **129**
22 | 양털같이 부드러운 계단 위에 지어진 집도 있다 • **134**
23 | 사랑이 넘치는 예수님의 모습 • **138**
24 | 천국엔 건축하다 중단된 집도 있다 • **142**
25 | 믿음이 약한 할머니의 죽음 • **145**
26 | 국가 유공자 상장이 걸린 집 • **148**
27 | 천국의 예술인 마을 • **153**
28 | 다시 보게 된 나의 집 • **157**
29 | 찬란한 황금 보석 광산 • **160**
30 | 천국 예술 공원도 만든다 • **163**
31 | 예수님의 제자들이 사는 지역 • **165**
32 | 제자 베드로의 집을 보았다 • **169**
33 | 아! 순교자 주기철 목사의 집 • **173**
34 | 천국에는 각자 이름이 새겨진 금향로가 있다 • **180**
35 | 이 시대의 상황을 보았다 • **184**
36 | 하늘에서 불이 임했다 • **188**

 **제2부**   영벌의 참혹한 지옥 • **195**

01 | 지옥은 유황 불꽃이 꺼지지 않는 형벌을 받는 무서운 곳이다 • **196**
02 | 예수 없는 교회 직분자들도 지옥에 있다 • **201**
03 | 자살해서 지옥 형벌을 받는 사람들도 보았다 • **214**

04 | 연예인도 보았다 • 222
05 | 욕심의 죄를 지어 형벌을 받는 사람들 • 230
06 | 음란죄를 지어 형벌을 받는 남자들 • 235
07 | 음란죄를 지어 형벌을 받는 여자들 • 240
08 | 육체의 가슴으로 죄를 지어 형벌을 받는 여자도 보았다 • 247
09 | 대통령(왕)들도 형벌을 받는 장면을 보았다 • 249
10 | 교회를 핍박한 자들은 형벌을 받는다 • 255
11 | 미혹의 영(이단)에 사로잡힌 자들이 형벌을 받는다 • 259
12 | 교인들 가운데 물질 때문에 예수 없이 지옥 간 사람이 너무 많다 • 267
13 | 가정 파괴범이 지옥에서 형벌을 받는 것도 보았다 • 276
14 | 남을 미워(시기, 질투)하는 죄를 지어 형벌을 받는 이들도 있다 • 280
15 | 거짓말(불평, 원망)한 자들도 심판을 받는다 • 284
16 | 성공 출세주의자들이 형벌을 받는 장소도 있다 • 288
17 | 벌떼에 고통당하는 자들 • 291
18 | 전갈 떼에 고통당하는 자들 • 295
19 | 까마귀 떼에 고통당하는 자들 • 299
20 | 교만한 자들이 받는 형벌을 보았다 • 303
21 | 도박으로 폐인 된 여자 • 306
22 | 작두 같은 기계로 양손을 자르는 곳도 있다 • 308
23 | 발로 죄지은 사람이 심판받는 곳 • 310
24 | 사악한 정치인이 받는 형벌을 보았다 • 313
25 | 불신자인 남자의 죽음을 보았다 • 316
26 | 지옥에서는 아이들도 형벌을 받는다 • 320
27 | 의사였던 여자가 형벌을 받는 것도 보았다 • 325

이 책을 마무리하며 • 330
부록_간증 집회를 통해 은혜 받은 이야기 • 339

제1부
아름다운 천국

01

천국은 햇빛보다 더 밝은 곳이다

요한계시록 22:5

"다시 밤이 없겠고 등불과 햇빛이 쓸 데 없으니 이는 주 하나님이 그들에게 비치심이라 그들이 세세토록 왕 노릇 하리로다."

깊은 기도를 통하여 예수님께서 나에게 보여주신 천국의 첫 번째 모습은 다음과 같았다.

천국은 높고 높은 보좌에 계신 빛 되신 하나님이 통치하시는 나라이다. 하나님의 빛에 지배받기 때문에 어둠은 조금도 존재하지 않았다.

천국에는 악의 영들이 존재하지 않았다. 따라서 악한 말, 악한 생각, 악한 행동을 하는 일은 있을 수가 없고, 사망도 애통도 곡하는 것이나 아픈 것이나 밤이 없는 나라였다.

흰옷 입은 천사들이 다양한 황금 악기를 다루며, 거룩한 성도들은 예수님의 보혈로 죄 사함을 받아 구원받은 것에 감격해하며 근심 걱정이 없이 살아 계신 하나님께 찬양하며 감사하는 곳이었다.

천국은 너무나 큰 세계여서 인간의 머리로는 그 크기를 가늠할 수 없었고, 각종 황금 보석으로 꾸며진 나라였다. 거리는 잘 조성된 신도시같이 조화롭고 온갖 빛을 발하는 황금빛 나는 꽃들과 나비 그리고 새들이 날아다니며 서로 교통하였다.

천국의 길은 맑은 유리 정금으로 된 거룩한 길이었는데, 그 끝이 보이지 않을 만큼 쭉 뻗은 시온의 대로였다.

천국의 집은 아주 다양했다. 그 크기나 모양, 광채도 달랐지만 모든 집이 서로 다른 각종 보석으로 만들어져 있었다.

인간이 사용하는 언어로 천국을 다 표현하는 것은 절대 불가능하다. 그러나 우리가 이해하기 쉽게 표현하자면, 하나님께서는 천국도 만드셨지만 우리가 살고 있는 지구도 만드셨다는 사실이다.

최초의 인간이 살았던 에덴동산을 하나님께서는 이 땅에 만드셨다. 그래서 에덴동산은 천국이 어떤 곳인가를 보여주는 그림자와 같다는 생각을 했다. 그러하기에 우리가 살고 있는 이 땅은 천국의 축소판이요 모델이다. 이 땅은 천국의 모형과 같다고 할 수 있다. 다른 것이 있다면 이 땅은 썩고 냄새나고 없어질 것이지만, 천국은 온갖 황금 보석으로 만들어진 영원한 곳이라는 것이다.

내가 깊은 기도 중에 내 안에 계신 주님께 붙잡힌바 되어 본 천국과 지옥은 너무나 큰 나라요 세계였다. 그렇기 때문에 내가 본 것을 굳이 표현한다면 이 넓은 지구촌 위에 있는 한 작은 도시에 불과했다.

02

천국엔 생명책이 있다

요한계시록 20:12

"또 내가 보니 죽은 자들이 큰 자나 작은 자나 그 보좌 앞에 서 있는데 책들이 펴 있고 또 다른 책이 펴졌으니 곧 생명책이라…"

이 생명책은 황금으로 된 책인데, 아주 크고 두꺼운 책으로 보였다. 그런데 이 책에서 광채가 나고 있었다.

이 생명책 주변에는 수많은 천사들이 그룹으로 생명책을 관리하고 있었다. 여기에 있는 천사들은 오직 주님의 명령에 의해서만 움직였다. 그리고 생명책에 관해 권한을 가지신 분은 오직 우리 주님 외에는 없으셨다.

이 생명책에 구원받은 성도들의 이름이 기록되어 있었다. 나의 눈에는 마치 황금 금속판에 이름이 새겨져 있는 것 같은 느낌을 받았는데, 그 이름은 우리가 평소에 사용하는 언어로 이해되었다.

03

생명책 외에 행위책들이 있다

요한계시록 20:12

"또 내가 보니 죽은 자들이 큰 자나 작은 자나 그 보좌 앞에 서 있는데 책들이 펴 있고 또 다른 책이 펴졌으니…."

천국에는 큰 도서관 같은 곳이 있었다. 여기에 여러 책들이 아주 많이 있었는 데, 이 책들을 크게 두 가지로 정리하면, 하나는 선한 행위의 책이고, 또 다른 하나는 악한 행위의 책이다.

이 책들에는 각자의 이름이 일일이 기록되어 있고, 이 책 주변을 보니 천사들이 책을 보호하고 지키고 있었다. 이 책을 보호하는 천사들은 오직 예수님의 명령에 의해서만 움직이고 있었다. 어떤 사람은 선한 행위의 기록된 책이 두껍고, 어떤 사람은 악한 행위의 기록된 책이 두꺼운 사람도 있었다.

이 땅에서 우리들의 삶이 선한 행위든 악한 행위든 하늘나라 행위 책에 다 기록되는데 년, 월, 일, 시, 분, 초로 정확하게 기록되고 있다고 가르쳐 주셨다.

마태복음 22:30

"부활 때에는 장가도 아니 가고 시집도 아니 가고 하늘에 있는 천사들과 같으니라."

하나님께서는 각자의 행위책에 기록된 대로 복 줄 사람은 복 주고, 심판할 사람은 심판하신다. 천국은 시집가고 장가가는 곳이 아니다. 모두가 하나님 앞에서 일대일로 각자의 행위에 따라 상급을 받는 곳이다.

우리가 이 땅에서 교회를 통해 또는 어떤 단체를 통해 함께 협력해도 천국에서는 각자의 행위책에 기록되고 있었다.

이 장면에서 성도들이 이 땅에서 주님의 일을 하다가 억울한 일을 당할 때에도 입술로 범죄하지 아니하고, 참고 인내하며 맡은 일에 충성하면 반드시 하늘나라에서 큰 상급을 받게 된다고 주님께서 말씀하셨다.

이 장면을 본 후, 나는 요한일서 1:7-9 "그가 빛 가운데 계신 것 같이 우리도 빛 가운데 행하면 우리가 서로 사귐이 있고 그 아들 예수의 피가 우리를 모든 죄에서 깨끗하게 하실 것이요 만일 우리가 죄가 없다고 말하면 스스로 속이고 또 진리가 우리 속에 있지 아니할 것이요 만일 우리가 우리 죄를 자백하면 그는 미쁘시고 의로우사 우리 죄를 사하시며 우리를 모든 불의에서 깨끗하게 하실 것이요"라는 말씀이 생각났다.

우리가 이 땅에 살면서 많은 죄를 짓고 살아가지만, 그때마다 회개하고 예수 믿어 주님의 보혈로 죄를 용서받는 은혜가 얼마나 큰 축복이요, 하나님의 큰 사랑이라는 것을 다시 한번 고백하게 되었다.

04

천국에는 크고 작은
황금 집들이 많다

　천국은 무질서하거나 두루뭉술한 그런 곳이 아니다. 거룩하신 하나님께서 다스리시는 나라이므로 아주 세밀한 나라였다.

　첫째, 천국에는 크고 작은 집들이 아주 많았다. 예컨대, 벽옥, 홍보석, 녹보석, 수정, 남보석, 옥수, 담황옥, 비취옥, 다이아몬드, 진주 등 수없이 많은 종류의 황금 보석으로 지어진 집들이었다.

둘째, 천국에는 큰 집들이 많이 있었다. 이 집은 말이 집이지, 집이 아니라 아주 큰 성이고 궁전 같았다. 우리나라 경복궁보다, 영국의 버킹엄 궁전보다, 중국의 자금성보다 더 큰 온갖 황금 보석으로 지어진 큰 집들이 많이 있었다.

셋째, 대그룹 회장들이 사는 큰 별장 같은 크기의 집도 많이 있으며, 보통 큰 건물이라고 여겨지는 집들은 수도 없이 많았다.

넷째, 또 천국은 황금 보석으로 지어진 아주 작은 집도 수없이 많았다. 이 땅에 있는 고층 빌딩과 비슷한 각종 보석으로 지어진 황금 집들도 많이 있었다.

이런 천국의 집들은 온갖 종류의 보석으로 지어졌는데 보석의 종류도 다르고 모양도 다르고 광채도 달랐다. 하지만 모두가 구원받은 성도의 한 개인의 집이라는 사실이었다.

천국은 얼마나 어마어마하게 크고 넓은 곳인지 모른다.

내가 천국을 여섯 번에 걸쳐 여러 곳을 보았지만, 내가 본 천국은 이 넓은 우주 위에 있는 아주 작은 도시에 불과할 정도로 천국은 그렇게 넓고 넓은 곳이었다.

05

천국은 현재 공사 중이다

　천국은 천사들이 구원받은 성도들을 위해서 집을 짓고 있었다. 우리가 찬송가를 부를 때에도 이렇게 부르고 있지 않는가!

　"잘 짓고 잘 짓세 우리 집 잘 짓세…."

　천국에는 이미 완성되어 구원받은 성도들이 생활하는

집들이 수없이 많이 있었다.

그런데 내가 천국을 여섯 번 보았지만, 그때마다 같은 장면을 반복해서 많이 보여주셨는데, 특히 천사들이 집을 짓고 있는 장면을 많이 보여주셨다.

이 장면을 본 후, 나는 이 땅에 살고 있는 성도들에게 앞으로 자신들이 천국에 가서 살게 될 집을 크게, 그리고 아름답게 지어야 한다는 것을 알려야겠다는 생각을 했다.

천국에는 완성된 집이 있는가 하면, 어떤 집은 건축 중에 있으며, 또 어떤 집은 기초 공사만 하는 집도 있었고, 또 다른 곳에는 집을 짓기 위해서 준비된 굉장히 넓은 공터도 있었다.

어느 한 집을 보았다.
이 집은 외부 공사가 끝나고 내부 공사까지 마쳐져 있

었다. 우리식으로 표현하자면, 살림살이가 다 준비되어 져 있는 집이었다. 하지만 이 집은 비어 있었는데, 집 문 앞에는 마치 군인들이 성을 지키듯 흰옷 입은 천사들이 이 큰 성 같은 집을 관리하고 있었다.

또 다른 한 집을 보았다.

이 집은 90% 정도가 완성된 집이었는데, 수많은 천사들이 동원되어 부지런히 온갖 황금 보석으로 구조 변경을 하듯이 더 크게, 더 빛나게 각종 보석으로 확장하는 황금 집도 있었다.

그런가 하면 천국에는 공사가 중단된 집이 많이 있었다. 일을 하던 천사들이 마치 누군가를 기다리듯 물끄러미 서 있었다.

나는 이 장면을 보면서 사도행전 16:31에 "이르되 주 예수를 믿으라 그리하면 너와 네 집이 구원을 받으리라 하고", 마태복음 24:13에 "그러나 끝까지 견디는 자는 구원을 얻으리라", 빌립보서 2:12에 "두렵고 떨림으로 너희 구원을 이루라"는 말씀이 생각이 났다.

구원은 오직 우리 죄를 위해 십자가 위에서 피 흘려 죽으신 예수님을 믿는 믿음에서 나오는 하나님의 은혜요, 선물이다.

그래서 요한복음 3:16 "하나님이 세상을 이처럼 사랑하사 독생자를 주셨으니 이는 그를 믿는 자마다 멸망하지 않고 영생을 얻게 하려 하심이라", 사도행전 4:12 "다른 이로써는 구원을 받을 수 없나니 천하 사람 중에 구원을 받을 만한 다른 이름을 우리에게 주신 일이 없음이라 하였더라"라고 말씀하였다.

그러기에 구원받은 성도들은 이 땅에 살면서 금보다 귀한 믿음을 소중히 여기고 우리가 주님 앞에 설 때까지 주어진 사명에 충성하며 믿음을 잘 지켜야겠다는 교훈을 주셨다.

06

천국에는 많은 보물 창고가 있다

마태복음 6:20

"오직 너희를 위하여 보물을 하늘에 쌓아 두라 거기는 좀이나 동록이 해하지 못하며 도둑이 구멍을 뚫지도 못하고 도둑질도 못하느니라."

요한계시록 21:19-20
"그 성의 성곽의 기초석은 각색 보석으로 꾸몄는데 첫째 기초석은 벽옥이요 둘째는 남보석이요 셋째는 옥수요 넷째는 녹

보석이요 다섯째는 홍마노요 여섯째는 홍보석이요 일곱째는 황옥이요 여덟째는 녹옥이요 아홉째는 담황옥이요 열째는 비취옥이요 열한째는 청옥이요 열두째는 자수정이라."

천국에는 우리가 이 땅에서는 볼 수 없는 온갖 보화가 보관된 보물 창고가 많이 있었다. 보물 창고는 일일이 보석 장부에 목록이 다 기록되어 있었다. 이 보물 창고는 문이 잠겨 있고, 천사들이 열쇠를 가지고 있으며, 또 천사들이 관리하고 있었다.

천국에는 얼마나 많은 천사들이 있는지 말로 다 설명을 할 수가 없다. 이곳에 있는 천사들은 오직 주님의 명령에 의해서만 움직였다.

이 보물 창고 안에는 벽옥, 남보석, 옥수, 녹보석, 담황옥, 비취옥, 청옥, 자수정 등 온갖 황금 보석들이 빛을 발하는데 눈이 부셔 쳐다볼 수가 없었다.

사실 내가 보석을 많이 구경한 적도, 소유한 적도 없었기 때문에 보물 창고를 볼 때 이런 생각을 했다.

'와~ 진짜 빛나는 황금 보석이구나! 이 보석들이 요한계시록에서 말하는 하늘 보석이구나!'

그러면서 내 마음속에서 어떤 강렬한 소망이 올라왔다.

'내게 주머니가 있다면 여기에 있는 보석을 다 가져가 주님의 일을 끝내주게 할 수 있을 텐데.'

이 장면에서 내 안에 계신 주님께서 말씀하셨다.

"성도들의 믿음의 행위를 통해 이 보물 창고를 열어 각자의 하늘나라 황금 집을 짓는 것이다. 또 이 모든 보물들을 내가 사람들에게 내려주기도 한다."

주님께서는 보물 창고에 있는 보화들을 하나님의 자녀

들에게 주기를 원하신다는 것이다. 그런데 성도들이 조금만 복을 받으면 교만해져 가지고 주님을 멀리하거나 영적 열정이 식어서 세상으로 빠져버리기 때문에 더 이상 주지 못 한다고 안타까워하시는 주님의 마음을 느낄 수 있었다. 그리고 지금도 천국 보물을 믿는 자에게 주고 싶어서 믿음이 신실한 사람들을 찾고 계신다는 것을 느낄 수가 있었다.

마태복음 11:12
"세례 요한의 때부터 지금까지 천국은 침노를 당하나니 침노하는 자는 빼앗느니라."

우리는 믿음으로 천국을 빼앗아야 한다. 아브라함, 야곱, 솔로몬, 야베스, 록펠러같이 우리는 믿음으로 주님 앞에 나아가 복을 받아야 한다.

07

황금 대접을 들고 왕래하는 천사들이 있다

천국과 우리가 살고 있는 이 땅 사이를 왕래하는 천사가 있다.

이 천사들은 흰옷을 입고 마치 바람을 타고 다니듯 날아다닌다. 이 왕래하는 천사는 황금 대접을 들고 하늘과 이 땅을 올라갔다 내려갔다 하는데, 그 황금 대접에는 각자의 이름이 새겨져 있었다. 천사들이 들고 다니는 황금 대접은 그 크기와 모양이 조금은 달라 보였다.

어떤 이의 이름이 적힌 황금 대접을 들고 다니는 천사는 땅에서 빠르게 하늘나라로 왕래하는가 하면, 어떤 천사는 천천히 또 아주 느리게 움직이는 천사도 있었고, 또 다른 천사는 마치 무언가를 기다리듯 아래쪽만 물끄러미 쳐다만 보는 천사도 있었다.

그리고 비어 있는 황금 대접을 들고 다니는 천사도 있었다.

그런데 각자의 이름이 새겨진 황금 대접 안에는 사람에 따라 담겨진 내용물의 수량이 달랐다. 그 황금 대접 안에 담겨진 내용물을 자세히 봤더니, 광채가 나는 금구슬 같은 모양의 것들이 황금 대접 안에 가득 담겨 있었다. 그 구슬들은 크기도, 광채도 서로 다 달라 보였다.

이 황금 구슬의 모양이 내게는 마치 글처럼 이해가 되었다. 황금 대접 안에는 우리가 이 땅에서 행하는 믿음의 행위들이 적혀 있었는데, 내가 보기에는 제일 크게 빛이 나고 광채가 나는 구슬 모양이 영혼 구원이었다.

우리가 이 땅에 살면서 전도해서 지옥 갈 영혼을 주님께로 인도하면 주님께서 너무나 기뻐하시고 천국에 큰 집을 지으신다고 하셨다. 그리고 이 땅에서도 복을 받는다고 말이다.

다음으로는, 성전 건축이라는 글자가 적힌 구슬이 크게 보였다.

성도들이 신앙생활을 하면서 넉넉하지 못한 환경 가운데서도 생명과 같은 물질을 믿음으로 하나님께 드려서 성전을 건축하는 일을 너무나 귀하고 아름답게 여긴다는 것이다. 그래서 금 대접 안에 황금 구슬이 되어 광채를 말하며 올라가는 것이었다.

그리고 온전한 주일성수, 십일조, 사랑, 눈물, 헌신, 희생, 봉사, 충성 등… 다양한 글이 적힌 황금 구슬을 소중하게 담아 천사가 가지고 하늘나라로 올라가는데, 성도들이 성경 말씀을 믿고 주님을 위해 믿음으로 행하는 그 어느 것 하나도 소중하지 않은 것이 없었다.

또 주의 종을 잘 섬기는 일도 상당히 큰 구슬로 빛을 발하며 황금 대접에 담겨져 하늘로 올라가고 있었다. 성도들이 신앙생활을 하면서 자신의 영적 지도자인 목회자를 잘 섬기는 것을 주님께서는 너무도 기뻐하셨다.

천국에는 상이 이렇게도 많았다. 그 결과 이 땅에서도 복을 받고 자녀들이 잘되는 일이 많다고 생각한다.

이 황금 대접을 들고 왕래하는 천사들은 땅엣 것을 하늘로 담아 올라가는 것만 하는 것이 아니라, 하늘의 것을 땅으로 담아 내려가기도 했다. 천사들은 오직 주님의 명령에 의해서만 움직이는데, 주님의 지시를 받은 천사들이 하늘의 좋은 것들을 땅 위에 있는 성도들에게 전달하는 일도 하고 있었다.

요한계시록 22:12
"보라 내가 속히 오리니 내가 줄 상이 내게 있어 각 사람에게 그가 행한 대로 갚아 주리라."

이 장면에서 주님께서는 성도들이 땅에서 행하는 크고 작은 믿음의 행위를 반드시 하나님께서 상으로 갚아 주신다고 말씀하셨다.

08

이 땅에서 활동하는 천사도 있다

천사들은 일반적인 하나님의 명령을 수행한다. 하지만 주된 일은 구원받은 하나님의 백성들을 보호하는 일이라 생각한다. 구원받은 백성들 중에도 하나님께서 예우하시는 신분과 격이 다른데, 그 신분과 격에 맞게 호위 천사의 수도 달라 보였다.

날아다니는 천사도 있고, 서서 사람들처럼 걸어다니는

천사도 있었다. 천사들도 마치 군인들같이 서로 직위가 다르고 역할도 달라 보였다. 천사들은 오직 주님의 명령에 의해서만 움직이는 것을 볼 수 있었다.

내가 본 한 장면은 영화 속에서 또 다른 영화의 장면을 보는 것같이 보게 되었다. 50대 후반 정도의 한 남자가 길을 걷고 있었다. 얼굴은 볼 수 없었지만 이 사람이 목회자라는 것을 알 수 있었다.

이 사람 주변에는 헤아릴 수 없이 수많은 흰옷 입은 천사들이 호위하고 있었는데, 겹겹으로 이 사람을 둘러싸서 함께 움직이는 것이 마치 대통령을 경호하는 것같이 보였다.

그런가 하면 30대 정도의 한 젊은 남자도 보았는데, 이 사람은 직장에서 작업복을 입고 일하는 모습처럼 보였다. 그런데 이 사람 곁에는 호위 천사들이 불과 몇 안 돼 보였다.

고린도전서 3:16

"너희는 너희가 하나님의 성전인 것과 하나님의 성령이 너희 안에 계시는 것을 알지 못하느냐."

이 장면을 보면서 천사들이 이 땅에 살고 있는 하나님의 백성을 보호하기도 하지만, 성령으로 거듭나고 충만한 사람들을 더 많이 호위하고 있구나 하는 생각을 했다.

09

하늘나라 천사도 보았다

마태복음 26:53

"너는 내가 내 아버지께 구하여 지금 열두 군단 더 되는 천사를 보내시게 할 수 없는 줄로 아느냐."

천국에는 숫자를 헤아릴 수 없을 만큼 수많은 천사들이 있었다.

이 천사들은 얼굴이 하나같이 사람의 모습과 비슷했으

며, 얼굴에는 큰 빛이 나고 광채가 있었다.

천사들은 흰옷을 입고 있었는데, 천사들이 입고 있는 흰옷도 천사에 따라 옷의 모양과 광채가 다르고, 신분과 직위도 달라 보였다. 그리고 각자의 역할이 다 있었다.

그뿐만이 아니었다. 천사들의 크기도 다양했는데, 덩치가 큰 천사는 우리가 일반적으로 그림이나 영화에서 본 것보다 그 이상으로 크게 보였고, 아이 같은 천사도 있었다.

부지런히 날아다니는 천사도 있고, 걸어다니는 천사도 있었다.

독수리처럼 날개 달린 천사도 있고, 사람같이 날개가 없는 천사도 있었다. 천사들은 전문 기술자같이 각자의 임무가 있고 역할이 다양하게 있어서 빛 되신 하나님의 통치 아래 모든 것이 세밀하게 움직이고 있었다.

악기를 다루는 한 천사를 보았다. 하늘나라 악기는 이 땅에 있는 악기 모양과 매우 비슷하게 보였다. 다른 것이 있다면 황금 보석으로 만들어졌고, 크기와 종류가 달랐으며, 악기들마다 빛이 난다는 것이었다.

황금 나팔을 부는 천사, 황금 피아노를 치는 천사, 황금 북을 치는 천사, 황금으로 된 가야금, 첼로, 바이올린, 색소폰, 트라이앵글, 심지어 황금으로 된 캐스터네츠 모양과 비슷한 악기도 있었다.

천국에 있는 악기는 얼마나 다양하고 크고 작은 악기들이 많은지 이 땅에서 볼 수 있는 악기도 많이 있고, 이 땅에서 볼 수 없는 악기도 많이 있었다.

천사들은 이 악기들을 다루는데 모두가 최고의 전문가였다.

또 천사들 가운데는 아주 큰 성가대와 같이 악기에 맞추어 거룩하신 하나님을 찬양하는 천사들도 있었다. 이 악기 소리에 맞추어 구원받은 성도들도 함께 어울려 춤을 추며 찬양하기도 했다.

천사들이 악기에 맞추어 찬양하는 소리가 얼마나 아름다운지 인간의 언어로는 도저히 표현할 수가 없었다.

찬양의 가사는 우리가 이 땅에서 흔히 부르는 내용도 있었다. 그러면서도 가사를 정확히 알 수는 없으나 빛 되신 하나님을 찬양하고 어린양 예수 그리스도를 찬양하고 구원받은 것에 감사하는 내용이 담긴 노래처럼 들렸다.

10
천국 거리도 보았다

하늘나라 거리는 온갖 황금 보석으로 지어진 집들이 많이 있는데 유럽의 아주 큰 성 같은 집이 있는가 하면, 궁궐 같은 집도 있고, 큰 집이나 작은 집도 있고, 대도시에 있는 높은 빌딩 같은 느낌을 주는 높게 세워진 황금 건물도 보았다.

천국의 길은 구부러진 곳이 없고, 막힌 곳이 전혀 없었다. 거리거리마다 온갖 황금 보석으로 유리 정금 바닥이 깔려 있고, 무지개 빛보다 더 아름답게 빛을 내며 바람에 흔들거리는 듯한 온갖 종류의 크고 작은 가로수들, 그리고 보석 빛보다 더 아름답게 피어 있는 수많은 이름 모를 신기한 종류의 황금 꽃들, 그 위로 크고 작은 황금빛을 발하는 새들이 날아다니며 노래를 하고 있었다. 그 노래 소리가 얼마나 아름다운지 모른다.

신기한 것은 천국에서는 동, 식물들까지도 서로의 생각이 교감되어진다는 생각을 하게 했다.

그 거리를 구원받은 백성들, 그리고 천사들도 왕래하고 있었다.

천국에도 우리가 살고 있는 도시 안에 흐르는 강같이 맑고 깨끗한 빛을 내는 강물이 있었다. 그 강물 속에는 각양각색의 크고 작은 이름 모를 물고기들이 노래와 춤으로 창조주 하나님을 찬양하는 듯 보였다.

천국의 거리는 어디를 가도 맑고, 밝고, 넓고, 깨끗하며 아름다운 평화가 넘쳤다.

> 요한계시록 21:4
>
> "모든 눈물을 그 눈에서 닦아 주시니 다시는 사망이 없고 애통하는 것이나 곡하는 것이나 아픈 것이 다시 있지 아니하리니 처음 것들이 다 지나갔음이러라."

천국은 이 땅에서 많이 보는 눈물, 죽음, 애통, 곡하는 것이나 아픈 것이 다 지나가고, 답답함이나 무질서가 존재하지 않는 하나님의 사랑이 넘치는 영원한 새로운 나라이다.

11

천국에는 동물원도 있다

이사야 11:6-8

"그 때에 이리가 어린양과 함께 살며 표범이 어린 염소와 함께 누우며 송아지와 어린 사자와 살진 짐승이 함께 있어 어린 아이에게 끌리며 암소와 곰이 함께 먹으며 그것들의 새끼가 함께 엎드리며 사자가 소처럼 풀을 먹을 것이며 젖 먹는 아이가 독사의 구멍에서 장난하며 젖 뗀 어린아이가 독사의 굴에 손을 넣을 것이라."

천국 동물원은 이 땅의 동물원처럼 동물들이 우리 안에 갇혀 있는 것이 아니라, 창조 때의 에덴동산에서처럼 자유롭게 움직이며 뛰어다닌다. 어찌보면, 요즘 가정에서 많이 키우는 애완용 강아지처럼 전혀 구속을 받지 않는다. 그러면서도 어떤 강한 힘에 제재를 당하듯이 질서가 있고 자유로운 통제를 받는 느낌을 받았다.

천국 동물원에는 사자는 물론 코끼리나 기린도 있고, 소나 곰도 있고, 양도 있고, 뱀도 있었다. 천국에 동물이 있다는 것은 예수 믿고 천국 가는 성도들 입장에서 볼 때 동물들도 구원받는 것인가의 문제가 아니다. 천국의 동물은 이 땅에서 가는 것이 아니다. 하나님이 창조주로서 창조 질서 가운데 존재하는 것이다. 이것은 믿음을 잘 지켜 천국을 소망하며 사는 성도들을 위해 있는 것이다.

우리가 흔히 이 땅에서 볼 수 있는 동물들이 다 있었다. 다른 것이 있다면, 동물들도 하나같이 무지개 빛보다 더 아름다운 보석같이 광채가 나며 순한 양같이 사람들을 잘 따른다는 것이다. 그리고 소리를 통해, 눈빛을 통해 서로가 언어 소통을 하듯이 서로의 생각이 전달되고 교감이 되는 듯 보였다.

천국 동물원에는 마치 아이들끼리 뒹굴며 장난치듯 어린아이와 동물들이 뒹굴며 장난을 치지만 위험하거나 전혀 무섭지 않았다. 정말 이사야 11:6-8 말씀에 기록된 그대로였다. 왜냐하면 천국은 오직 하나님의 사랑으로 다스려지고 움직여지는 나라이기 때문이다.

천국에 있는 동물들도 모두가 창조주 하나님을 찬양하며 감사하는 모습을 발견할 수 있었다.

12
하늘나라 여가 생활도 보았다

이 장면은 내가 천국을 네 번째 보았을 때 본 것이다.

우리가 살고 있는 이 땅에 강이 있듯이, 천국에도 바다 같이 넓은 큰 강이 있었다.

강의 한쪽에는 온갖 황금빛을 발하며 무지개 색깔보다 더 아름다운 이름 모를 나무와 꽃들로 가꾸어져 있었다. 마치 작은 동·식물원을 옮겨놓은 그런 느낌을 주는 곳이란 생각이 들었다.

강물이 얼마나 맑고 깨끗한지 물속이 유리 바다 속처럼 훤히 들여다보였다. 그 속에서 각양각색의 크고 작은 물고기들이 춤을 추며 노래를 부르고 있었다. 모두가 창조주 하나님을 찬양하고 구원받은 성도들을 기쁘게 하고 있었다.

이 바다 같은 강물 위에 구원받은 수많은 성도들이 황금 보석으로 만들어진, 모양도 크기도 다양한 온갖 종류의 배를 타고 즐겁고 행복해하며 우리 주님을 찬양하고 있었다.

여기에 천사들이 각자가 섬겨야 할 주인을 위해 수종들고 있었다. 물론 이 강에서 물놀이를 하고 있는 것을 볼 수 있었는데, 어른도 있고 아이들도 있었다. 신기한 것은 모든 사람들이 가만히 있어도 몸이 자동적으로 공처럼 물 위에 뜬다는 것이다.

그러다 잠시 후 아래쪽에서 장엄하고 웅장한 큰 나팔소리와 함께 찬양 소리가 들리더니 큰 황금 배가 나타났다. 이 배에서 광채가 비취는데 쳐다볼 수가 없었다.

강물을 거슬러 올라오는 이 큰 황금 배를 수많은 천군 천사들이 그룹으로 황금 배를 겹겹이 호위하고 있었다. 그 배 위에 온갖 악기를 든 천사들이 마치 오케스트라 연주자들같이 주님을 찬양하며 연주를 하고 있었다.

이 황금배가 나타나니 하늘나라 즐거움을 즐기던 수많은 성도들이 두 손을 들고 "할렐루야! 나를 죄에서 구원하신 주님을 찬양합니다! 만왕의 왕이신 우리 주님을 찬양합니다!" 하면서 환호하고 박수를 치며 모두가 기쁨과 감격으로 행복해하는 장면도 보았다. 이 황금 배 안에 우리 주님이 함께 계신다는 생각을 했다.

천국에서 성도들이 즐거워하는 모습을 보며 찬송가가 생각이 났다. 감리교 부흥사 워터 팔머 목사의 딸인 냅

(P.P Knapp)이 작사 작곡한 찬송가 266장(통 200장)이었다. '주의 피로 이룬 샘물'의 가사 '하늘나라 즐거움이 매일 새롭도다'라고 기뻐하며 즐거워하던 모습 말이다.

이 장면을 보면서 마가복음 11:8-11의 말씀 곧 "많은 사람들은 자기들의 겉옷을 또 다른 이들은 들에서 벤 나뭇가지를 길에 펴며 앞에서 가고 뒤에서 따르는 자들이 소리 지르되 호산나 찬송하리로다 주의 이름으로 오시는 이여 찬송하리로다 오는 우리 조상 다윗의 나라여 가장 높은 곳에서 호산나 하더라"라는 말씀을 생각했다.

그리고 신기한 것은 마태복음 14:28-29 "베드로가 대답하여 이르되 주여 만일 주님이시거든 나를 명하사 물 위로 오라 하소서 하니 오라 하시니 베드로가 배에서 내려 물 위로 걸어서 예수께로 가되"의 말씀처럼 물 위에 서서 주님을 찬양하며 경배하는 사람도 있었다.

13

큰 성과 같은 집 내부를 보았다

　천국에서 내가 본 이 집은 아주 큰 성과 같은 집으로 온갖 황금 보석으로 지어져 있었다. 이 집 입구에는 군인들처럼 천사들이 황금빛을 발하는 큰 성문을 관리하고 있었으며, 성문은 정금으로 만들어진 큰 대문으로 되어 있었다. 이 집에 들어가는 것은 주님의 허락을 받아야 들어갈 수 있었다.

집 입구를 들어서니 올림픽 운동장보다 더 큰 정원이 나오고, 그 정원 위에 황금 잔디가 깔려 있었다. 그 주변에는 바람에 날려 춤을 추듯 다양한 열매를 맺은 황금 나무들, 그리고 무지개 색깔보다도 더 아름다운 빛을 발하는 크고 작은 이름 모를 꽃들, 황금빛을 발하는 나비와 새들….

대자연 속의 식물원처럼 참으로 아름답고 깨끗한 황금빛의 정원이 펼쳐져졌는데, 모든 것이 창조주 하나님을 찬양하고 구원받은 주인을 기쁘게 하고 있었다.

정원에는 아름다운 광채를 발하는 보석으로 만들어진 흔들의자가 있었다. 또 한쪽에는 큰 수영장이 있었는데 그 수영장이 얼마나 넓은지 호수 같다는 느낌을 받았으며, 수영장 안에는 온갖 크고 작은 황금빛을 비추는 물고기들이 노래하며 춤을 추는 것같이 보였다.

물고기들도 한결같이 창조주 하나님을 찬양하고 구원

받은 백성을 즐겁게 하자고 하는 것 같은 생각을 하게 했다.

이 집은 큰 성과 같은 집이라 수많은 천사들이 질서정연하게 자신의 맡은 역할을 감당하고 있었다. 날아다니는 천사, 걸어다니는 천사, 여러 종류의 흰옷 입은 천사들이 예수님의 은혜로 구원받은 우리의 주인을 기쁘게 하자 하면서 부지런히 움직였다.

히브리서 1:14
"모든 천사들은 섬기는 영으로서 구원받을 상속자들을 위하여 섬기라고 보내심이 아니냐."

집안으로 들어서니 마치 왕궁에 들어온 것 마냥 구원받은 백성이 천국 생활을 할 수 있도록 모든 것이 준비되어 있었다.

큰 거실 같은 곳에 들어서니 바닥은 황금 대리석으로

깔려져 있는데, 그 황금 대리석은 돌처럼 딱딱한 것이 아니라 카페트같이 느껴졌다.

거실 같은 벽에 여러 종류의 많은 크고 작은 상장이 빛을 발하며 벽에 걸려 있었는데 상장의 내용은 볼 수가 없었다.

그리고 건반이 큰 황금 피아노도 보았다. 이 피아노는 황금빛이 나는 피아노인데 이 땅에서 볼 수 있는 것과 많이 비슷하게 보였다. 다른 것이 있다면 피아노가 아주 커서 건반도 크고 많다는 것이다.

그런데 얼마 후 덩치도 크고 광채가 아주 크게 빛나는 흰옷 입은 한 천사가 피아노 의자에 앉아 연주를 시작하였다. 순식간에 그 넓은 거실 같은 공간에 천사들이 모여들어서 크고 작은 악기를 들고 피아노에 맞추어 연주를 하는데, 숫자가 대략 500명 정도는 되어 보였다. 이 집을 방문한 예수님 환영 연주라는 것이었다.

천사들이 들고 있는 악기들 중엔 이 땅에서 볼 수 있는 악기들과 비슷한 것들도 많았지만, 대부분 이 땅에서는 볼 수 없는 다양한 악기들을 들고 천사들이 연주하였다. 악기를 다루는 천사들이 하나같이 전문 연주자같이 느껴졌다.

그런데 천사들이 연주하는 소리가 얼마나 아름다운지 이 땅의 언어로는 도저히 표현하기 어려웠지만, 나의 마음에 와닿는 내용은 "영광, 영광 할렐루야! 영광, 영광, 할렐루야!"라는 것이었다.

거실 같은 공간을 지나 안방 같이 생긴 한 공간을 보았다. 여기에는 흰 눈보다 더 깨끗하고, 양털보다 더 부드러운 황금 실로 짠 이불이 황금 침대에 깔려 있었다. 여기에도 수많은 종류의 보석이 박혀 빛을 발하고 있었다.

그 옆에는 큰 황금 거울이 있었는데, 거울 주변에 보석으로 된 온갖 장식물들이 부착되어 있고 그 모양이 다양하고 보석의 종류가 달랐다.

거울은 깨끗한 유리같이 보였는데 이 땅에서는 볼 수 없는 유리 같았으며, 누구든지 이 거울 앞에 앉으면 행복이 나오고, 감사가 나오고, 기쁨이 나오겠다는 생각이 들었다.

신기한 것은 그 거울에 나의 모습이 보이지 않았다는 것이다.

'왜 내 모습은 거울에 비치지 않을까?'

내가 의아하게 생각하고 있는데, 내 안에 계신 주님이 아직 이곳에 살 사람이 아니기 때문에 이 거울에는 비치지 않는다고 하셨다.

그뿐만 아니었다. 또 다른 곳에서 옷이 진열된 옷장을 보았는데, 그 안에 진열된 옷들이 이 땅의 왕이나 왕비들이 입는 왕복 같은 의상, 드레스, 양장, 체육복 등 … 옷마다 빛나는 광채가 다르고 수많은 보석이 박혀 있었다. 심지어 황금으로 만들어진 수영복도 있었다.

또한 신발의 종류도 얼마나 많은지 모두가 황금 보석이 박혀 있었고, 그 빛을 발하고 있었다.

마태복음 10:30에 "너희에게는 머리털까지 다 세신 바 되었나니"라는 말씀처럼 주님께서는 우리의 모든 것을 다 아시고 준비하고 계신다는 생각을 했다.

이 장면에서 내 안에 계신 주님은 이 집에 살 주인은 아직 땅 위에 살고 있으며, 죽도록 충성하는 주님의 종이요 에녹같이 주님과 동행하는 삶을 사는 신실한 사람이라 말씀하셨다. 더구나 앞으로 이 집을 더 크게, 더 많은 황금 보석으로 확장하실 것이라고 말씀하셨다.

누가복음 19:17

"주인이 이르되 잘하였다 착한 종이여 네가 지극히 작은 것에 충성하였으니 열 고을 권세를 차지하라 하고."

14
개인 집이 없는 사람도 있다

나는 천국에서 또 한 사람의 얼굴을 보게 되었다.

이 사람은 김 아무개 성도였다. 오래전에 신앙생활을 하다가 교회에서 큰 상처를 받고 시험에 들어 세상 길로 가버렸던 사람이다.

그는 6년 전에 제 집사람을 만나 다시 주님께 돌아오라고 수도 없이 권면을 받았지만, 그때마다 이 핑계 저 핑계로 미루면서 교회를 나오지 않았다. 그러다가 교회에 몇 번 출석하다, 또 이런저런 이유로 나오지 않았다.

그런데 몸에 병이 생겨 마지막 죽음에 이르게 되었다. 입원 중일 때 교회에서도 심방을 했었고, 특히 나의 아내가 여러 번 병원으로 찾아가 복음을 전했다.

결국 병이 온 몸에 전이되어 말할 수 없는 고통을 당하고 힘든 시간을 보내는 가운데 김 아무개 성도는 주님을 자신의 구세주로 고백하며, 지나온 세월을 아쉬워하고 후회하며 한없이 회개의 눈물을 흘리는 것을 보았다.

그런데 이 성도가 내가 기도원에서 특별 작정 기도를 시작한 다음날, 하나님의 부름을 받았다.

내가 주님께 붙들린바 되어 천국을 보게 되었을 때 '주님! 김 아무개 성도가 천국에 있다면 보여주세요! 사실 제 마음에는 이 성도가 구원받았다는 확신이 없었어요. 제가 보고 가족들에게 이 성도가 천국에 있다고 전해주고 싶어요!' 하고 소망했었는데 주님께서 보여주셨다.

이 성도는 하얀 광채나는 옷을 입고 황금 흔들의자에 앉아 무엇을 생각하는 사람처럼 눈을 감고 흥얼거리며 노래를 부르고 있었다. 자신을 구원해 주신 하나님께 영광 올려 드리고 있었던 것이다.

이 성도가 병원에 있을 때는 온 몸이 병이 들어 퉁퉁 부어서 볼 수가 없었다. 그런데 천국에서 이 성도의 모습은 너무나 아름답고 얼굴에 광채가 나며 미스 코리아보다도 백 배나 예뻐 보였고 행복해 보였다.

그런데 좀 이상했다. 이 성도가 입고 있는 옷의 광채가 상대적으로 그리 밝지 않아 보였다. 그리고 이 성도가 사는 개인 집도 보지 못했다.

이 장면에서 내 안에 계신 주님은 우리가 예수를 믿는

것이 누구를 위해 믿어주는 것처럼 생각해서는 안 되며, 이런저런 이유로 신앙생활을 하다 시험에 들어 교회를 떠나는 것은 악한 영에 지배를 받는 어리석은 행동이라고 말씀하셨다.

무엇보다 놀라운 것은 천국에는 주님의 은혜로 구원은 받았으나 하나님의 상급은 없으며, 특히 부끄러운 구원을 받은 사람들 가운데 자기 개인 집이 없는 사람이 너무나 많다는 사실이었다.

다니엘 12:2
"땅의 티끌 가운데에서 자는 자 중에서 많은 사람이 깨어나 영생을 받는 자도 있겠고 수치를 당하여서 영원히 부끄러움을 당할 자도 있을 것이며."

15
나를 실망시킨
나의 천국 집

쭉 천국을 보면서 나는 앞으로 천국에서 내가 살 집이 궁금했다.

지금까지 목회자로 살았으니 속으로 내 집도 궁궐같이 큰 집일 것이라 기대하며 주님께 "보여주세요, 보여주세요" 하며 기도를 했다.

그리고 얼마 후 영화의 한 장면을 보듯 보게 되었다. 그것은 마치 이 땅의 신도시 같은 느낌을 주는 곳에서 집터를 닦고 크게 기초 공사를 하고 있었다.

내가 그것을 보니 너무나 부끄러웠다. 또 실망도 했다.

"예수님, 이것이 나의 천국 집인가요. 이게 뭐예요?"

그때 그런 나를 보시며 주님께서 이렇게 말씀하셨다.

"사랑하는 종아! 너는 죽은 몸이 아니고 앞으로 기회가 많으니 믿음으로 크게 지으면 되잖아"라고 하시면서 용기를 주셨다.

이 장면을 본 후, 나는 마태복음 6:2-4 말씀이 퍼뜩 떠올랐다.

"그러므로 구제할 때에 외식하는 자가 사람에게서 영광을 받

으려고 회당과 거리에서 하는 것 같이 너희 앞에 나팔을 불지
말라 진실로 너희에게 이르노니 그들은 자기 상을 이미 받았
느니라 너는 구제할 때에 오른손이 하는 것을 왼손이 모르게
하여 네 구제함을 은밀하게 하라 은밀한 중에 보시는 너의 아
버지께서 갚으시리라."

나는 그동안 주의 일을 한다고 했지만, 육신의 정욕에 사로잡혀 내 이름을 드러내고 내 의를 드러내는 일에 열심히 많았다.

언제나 내 마음 한 구석에는 얼른 교회도 부흥시키고, 성전 건축도 크게 해서 주변 사람들에게 보란 듯이 나를 과시하며 드러내고픈 마음이 참으로 많았다. 사실 지난 번 섬기던 교회에서는 명함 뒤쪽에다 아름답게 성전 건축하여 입당한 사진을 새겨 넣어 은연중에 나를 과시하며 자랑하기도 했다.

그동안 목회자로서 언어 사용에도, 행동에도 주님 앞에

부끄러움이 너무나 많았다. 영적인 생활을 한다고 생각했으나, 육적인 생각에 사로잡혀 신앙생활도, 목회도 주님을 위해서보다 나 자신을 위해 일할 때도 많았다.

그런데 이 장면을 본 후, 나는 지나온 일들이 너무나 부끄러워서 후회하며 개인 기도 중에 많이 울게 되었고, 주님께 진심으로 용서를 구하며 회개하였다.

그리고 나서 이틀 후에 다시 천국의 나의 집을 또 보게 되었다. 그런데 이 집을 많은 천사들이 황금 보석으로 아주 크게 집을 짓고 있는 것이 아닌가.

이 장면을 본 후, 나는 우리가 이 땅에서 행하는 모든 일이 성령의 충만함을 받아 육을 죽이고 영으로, 믿음으로 행할 때 주님이 기뻐하시고 하늘나라에 상이 크다는 생각을 했다.

16

천사들이 황금 집을
짓고 있구나!

　천국을 여기저기 다닐 때 마치 신도시 건설을 하듯이 크고 넓은 땅이 있음을 발견했다. 거기서 수많은 천사들이 부지런히 건설 현장에서 일하는 사람들처럼 천국 집을 짓고 있었다. 그리고 그 옆으로 끝이 보이지 않는 빈 공터도 보였다.

　천국 집은 모양도 종류도 다양했다. 이 건설 현장을 살

펴봐도 크기와 모양이 다르고 공정율도 다르게 보였다. 집을 짓는 천사들은 체구도 다르고 역할도 다르지만 모두 전문 기술자같이 보였다. 감독하는 천사, 황금 보석으로 된 건축 자재를 옮기는 천사, 외부 공사를 하는 천사, 내부 공사를 하는 천사, 각종 보석으로 모양을 내는 천사, 그리고 보물 창고에서 건축 자재를 가져오는 천사들도 있었다. 보석의 종류와 크기는 표현을 다 할 수 없을 정도로 너무나 다양하고 광채가 나는 황금 보석들로 천사들이 집을 짓고 있었다.

집을 짓는 천사들 가운데도 크고 웅장한 아름다운 집을 부지런히 짓고 있는 천사가 있는가 하면 집의 모양이나 크기가 작은 집도 있었고, 또 어떤 천사는 집을 짓는 속도가 아주 느려 보이기도 했다.

주님께서는 이 장면에서 이 땅에 사는 성도들의 믿음의 행위가 하늘에 올라가면 그것이 행위책에 다 기록되는데, 행위책에 기록된 근거를 가지고 천사들이 천국 보석 창고에서 필요한 각종 보석 건축 자재를 갖고 천국 집을 짓는다는 생각을 하게 했다.

　우리가 이 땅에서 행하는 믿음의 행위가 하늘나라에서는 전부 자신과 직접적 연관이 되어 상급으로 주어지기 때문에 누구를 위해서 예수를 믿어주는 것처럼 그리고 교회 일을 해주는 것처럼 생각해선 절대 안 된다는 것이다. 각자 자신의 아름다운 천국 집을 짓기 위해서 우리가 이 땅에서 믿음의 행위를 하는 것이다. 그런 까닭에 우리의 믿음의 행위를 천사들을 통해 천국으로 계속 올려 보내야 한다고 말씀하셨다.

17
천국 잔치가 벌어지고 있었다

저 끝이 보이지 않는 높은 곳에서 빛이 나와 비쳤다. 그런데 그 빛의 광채가 얼마나 밝은지 어떻게 쳐다볼 수가 없었다.

그래서 나는 이렇게 생각했다.
'아~ 저곳이 하나님의 보좌인가 보다!'

그 앞쪽으로 수많은 천국의 천사들이 온갖 황금 악기를 다 동원하여 흥을 돋우며 잔치가 벌어지고 있었다. 여기에 동원된 천사들은 직위가 높고 신분이 귀하다는 생각이 들었다. 그 숫자가 얼마나 많은지 계산을 할 수가 없었다. 모두가 얼굴에서 밝은 광채를 발하는데 눈이 부셔 쳐다볼 수가 없었다.

앞줄부터 시작된 좌석에 얼마나 많은 사람들이 모였는지 좌석에 앉아 있는 사람의 끝이 보이지 않았다. 참석한 사람들은 대부분 크고 작은 황금 면류관을 쓰고 있었고, 입고 있는 옷의 모양도 다르고 색깔도 광채도 달랐다.

그리고 잔치에 참석한 구원받은 성도들은 각자의 이름 같기도 하고 숫자 같기도 한 것이 적힌 지정석에 앉아 있었다. 이름이 적힌 지정석에 앉아 마치 태양빛이 깨끗한 거울에 반사하듯, 모두가 기쁨과 행복한 얼굴로 하나님을 찬양하고 있었다.

하나님의 사랑의 빛을 받은, 구원받은 성도들은 하나님께 대한 감사와 감격을 품고 다시 빛으로 임하시는 하나님의 보좌 위로 영광을 올려 보내고 있었다. 그리고 그 사이사이에 수많은 천사들이 시중을 들며 왕래하고 있었다.

맨 앞줄에 앉아 있는 이들은 큰 황금 면류관을 쓰고 있었다. 광채가 많이 나고 그 위에 부착된 여러 종류의 보석은 그 장식 모양도 다양하고 가지 수도 많았다. 이뿐만 아니라 이들이 입고 있는 옷도 여러 종류의 보석으로 수놓은 것처럼 장식되어 있었다. 또 군인들이 전쟁에서 승리하고 공을 세워 받은 훈장처럼 보이는 각양각색의 보석들이 빛을 내며 달려 있었다.

그들은 임금이나 왕비들이 입는 옷보다도 더 품위 있고 우아한 황금 천으로 만든 옷을 입고 서로에게 사랑의 기쁨을 표현하며, 하나님을 찬양하고 즐거워했다.

이들이 신고 있는 신발도 모두 황금 신발을 신고 있어 광채를 발하며 그 모양도 아주 다양했다.

잔치에 참석한 성도들을 보니 앞쪽 줄에 앉아 있는 성도들에 비해 뒤쪽 줄로 갈수록 황금 면류관의 크기나 부착된 장식의 종류나 개수가 작아 보였는데, 이들이 입고 있는 옷이나 신발도 광채가 약해 보였다.

하지만 잔치에 참석한 사람들은 모두가 기뻐하며 행복해 보였다. 여기서도 나는 주님께 기도했다.

"주님, 저는 몇 번째 줄에 제 자리가 있습니까?"

이때 주님께서 웃으시면서 말씀하셨다.

"앞으로 기회가 있으니 앞쪽 줄에 앉을 수 있도록 믿음의 선한 싸움을 싸우라!"

나는 이 장면에서 우리가 이 땅에서 믿음의 선한 싸움을 싸우고, 죽도록 주님께 충성할수록 빛 되신 하나님의 보좌와 가까운 앞줄에 앉게 된다는 생각을 했다.

18

잔치를 준비하는 장면도 보았다

요한계시록 22:1-2

"또 그가 수정같이 맑은 생명수의 강을 내게 보이니 하나님과 및 어린양의 보좌로부터 나와서 길 가운데로 흐르더라 강 좌우에 생명나무가 있어 열두 가지 열매를 맺되 달마다 그 열매를 맺고 그 나무 잎사귀들은 만국을 치료하기 위하여 있더라."

끝없이 넓은 황금 잔디밭 위에 천사들이 부지런히 왕래하면서 큰 연회 좌석을 준비하고 있었다. 테이블 위에 온갖 보석으로 수놓아진 황금 천이 깔려 있고, 그 위에는 각양각색 모양으로 만들어진 유리 보석 그릇들이 빛을 발하며 놓여 있었다. 황금으로 만들어진 의자도 준비되어 있었는데, 의자마다 이름 같기도 하고 숫자 같기도 한 글자가 적혀 있었다.

천사들은 계속 테이블을 준비하고 의자를 나르며 바쁘게 움직이며 연회를 준비하고 있었다. 마치 설계 도면을 가지고 집을 짓듯이 누군가의 지시에 따라 잔치를 준비하고 있었다.

그런가 하면 잔치 자리 위쪽에는 큰 성가대 같은 자리가 마련되어 있고, 그 사이로 천사들이 많은 황금 악기들을 갖다 놓고 분주하게 움직이고 있었다.

잔치 자리가 준비된 곳에는 넓은 호수 같은 잔잔한 생

명수 강물이 흐르고 있었는데, 이 강물은 빛의 보좌로부터 시작되어 길 가운데로 흐르고 있었다. 생명수 강물이 흐르는 강의 좌우편에는 열두 가지 열매를 맺는 나무들이 수없이 많이 자라고 있었다. 그런데 열두 가지 열매는 특유의 향기를 발하며 탐스럽게 열려 있었다.

이 열매 종류는 흔히 우리가 이 땅에서 볼 수 있는 과일과 흡사했는데, 크기가 달랐고 과일도 빛이 났다.

이 장면을 보면서 잔치가 곧 시작되겠다는 생각을 했다.

19

천국 입성 환영식

요한계시록 22:4

"그의 얼굴을 볼 터이요 그의 이름도 그들의 이마에 있으리라."

천국 문은 열두 문 진주 보석으로 꾸며져 있었고, 천국 성은 밝은 광채를 발하는 황금 보석으로 덮여 있으며, 바닥은 유리같이 깨끗하고 맑은 정금으로 깔려 있었다. 그리고 이곳을 천사들이 군인들같이 성을 지키듯 서 있었다.

구원받은 성도들이 천사들의 안내를 받으며 천국 문에 들어서는데, 이때 반드시 신분증(하늘나라 시민권)이 있어야 입성할 수가 있었다.

이 신분증은 구원받은 성도의 이마에 자동적으로 새겨져 있었는데 이것을 천사도 확인하지만, 천국 성 입구에 있는 컴퓨터 같은 모니터가 자동적으로 신분을 확인해 주었다. 천국은 정말 세밀하고도 정확한 나라였다.

빌립보서 3:20
"그러나 우리의 시민권은 하늘에 있는지라 거기로부터 구원하는 자 곧 주 예수 그리스도를 기다리노니."

구원받은 성도가 천국 성 입구에 들어서면 앞서 간 성도들과 큰 군악대같이 준비된 천사들이 팡파르를 올리며 크게 환영을 했다.

"그동안 수고 많이 했습니다. 승리했습니다. 이제 당신은 눈물도, 아픈 것도, 사망도 없는 이곳에서 하나님을 찬양하며 살 것입니다."

환영식이 몇 시간 또는 며칠을 하는지는 알 수가 없었다. 하지만 환영식이 끝나면 자신의 처소인 각자의 집으로 천사들에 의해 인도를 받았다.

이 장면에서 나는 앞서 간 성도들 중에는 천국 입성 환영식에만 전문적으로 참여하는 이들도 있다는 생각을 했다.

20
요단강은 천국성 앞에 있구나!

영적인 요단강은 끝이 없이 깊다. 그뿐 아니라, 그 넓이는 갈릴리 호수같이 넓다. 강물의 색깔은 검푸른 색깔을 띠며, 파도도 매우 심하다. 이 요단 강물은 사람들에게 위협을 가하는 무서운 강물이기 때문에 인간의 힘으로는 요단강을 건너갈 수가 없다.

이 요단강 입구 좌우편에 큰 두 무리가 기다리고 있었다.

오른쪽에는 흰옷 입고 대기 중인 구원받은 성도들이 있고, 성도들 사이에 수많은 흰옷 입은 천사들이 성도들을 수종들고 있었다. 끊임없는 찬양 소리가 흘러나오고 구원의 감격의 눈물을 흘리고 있었다.

그 왼쪽에는 눈에 보이지 않는 경계선이 있었는데 검은 옷을 입은 수많은 사람들이 서 있었다. 이들 사이에도 온갖 괴물 모양의 마귀들이 눈에 불을 켜고 "우리가 이겼다. 우리가 사명 감당 잘했다. 우리가 가는 지옥에 이들을 데리고 가니 참 잘했다" 하면서 그곳에 있는 사람들을 위협하였다. 그들은 두려움과 공포로 크게 소리를 지르며, 눈물을 흘리며, 지나온 삶을 후회하며 벌벌 떨고 있었다.

이곳에 있는 사람들의 발은 강력한 본드로 접착된 것같이 달라붙어 있어 발이 바닥에서 떨어지지 않아 움직이지도 못했다. 자신이 세상에서 살아온 삶을 후회를 하고, 통곡하며, 두려움에 소리를 지르고 있었다.

얼마 있지 않아 요단강 건너편에서 크루즈 여객선보다 더 큰 황금 배가 도착하더니 문이 열렸다. 수많은 천사들이 황금 배에서 내려오는데, 이때 천사들 손에는 이 아무개 이름이 적힌 번호표 같은 것이 들려 있고, 자신들이 모시고 가야 할 구원받은 성도들의 신분증(시민권)을 확인하고는 배에 탑승시키는데 이 일이 순식간에 이루어졌다. 그리고는 황금 배는 떠났다.

황금배가 떠나는 동시에 왼쪽에 검정 옷을 입고 두려움과 공포에 소리를 지르고, 눈물 흘리며 벌벌 떨고 있던 사람들은 그들이 서 있던 땅이 진동하여 갈라지면서 큰 압력에 빨려 들어가듯이 순식간에 삼킴을 당했다.

이 장면을 보면서 나는 너무나 많이 놀랐다.
이 장면을 본 후 민수기 16:32-33 말씀이 생각났다.

"땅이 그 입을 열어 그들과 그들의 집과 고라에게 속한 모든 사람과 그들의 재물을 삼키매 그들과 그의 모든 재물이 산 채로 스올에 빠지며 땅이 그 위에 덮이니 그들이 회중 가운데서 망하니라."

잠언 1:12
"스올 같이 그들을 산 채로 삼키며 무덤에 내려가는 자들 같이 통으로 삼키자."

이사야 14:15
"그러나 이제 네가 스올 곧 구덩이 맨 밑에 떨어짐을 당하리로다"라는 말씀이었다.

이 장면에서 주님께서는 "본 대로 전하라"고 말씀하셨다. 이때 나는 '영적 요단강은 천국 성 입구에 있구나!'라는 생각을 했다.

21

이름이 지워진 황금 집도 있다

잠언 16:18

"교만은 패망의 선봉이요 거만한 마음은 넘어짐의 앞잡이니라."

나는 이 집을 멀리서 보았다. 온갖 황금 보석으로 꾸며진 큰 광채가 나는 집이었다. 이 집은 하나의 큰 성처럼 보였는데, 인터넷이나 관광안내 책자에서 보았던 프랑스

베르사유(Versailles) 궁전과 비슷한 모양의 집이었다.

집 내부는 볼 수 없었지만, 외부는 온갖 보석과 다양한 모양으로 조각이 되어져 있었다. 지붕에서부터 외벽까지 많은 황금 보석이 빛을 받아 반사되는데 이 집을 바라보는 내가 제대로 눈 뜨고 쳐다볼 수 없었다.

너무 아름다운 이 집을 보면서 이런 느낌이 들었다.
"이 집에서 반사되는 저 광채조차도 빛 되신 하나님을 찬양하는구나. 보좌에 계신 하나님께 영광을 올려 드립니다."

이 집을 보면서 '나도 천국에서 저런 집에 살면 참 좋겠다'는 부러운 생각이 들었다.

그때 주님께서 제게 이렇게 말씀하셨다.
"사랑하는 종아, 저 집을 자세히 보아라."

제가 그곳을 바라보니 마치 카메라에 부착된 줌 렌즈처럼 이 집의 성문이 보였다.

성 입구는 천사들이 관리하고 있었다. 성문 오른쪽 위에 황금 문패가 붙어 있었는데, 그 이름은 알 수 없었지만 문패에 최 아무개라고 하는 누군가의 이름이 적혔다가 지워져 있었다.

이것을 바라보는 순간, 나는 너무나 겁이 나고 두려운 마음에 꼼짝할 수가 없었다.

누가복음 22:3
"열둘 중의 하나인 가룟인이라 부르는 유다에게 사탄이 들어가니."

이 장면에서 인간의 성품을 지니신 주님께서는 "이 집 주인은 목회자였으나, 예수님의 제자 가룟 유다같이 예수님을 버리고 교만과 욕심과 악한 영에 지배를 받아 지금은 지옥에서 고통을 당한다"고 하시면서 안타까워하셨다.

나는 이 장면을 본 후 이사야 43:1-2 "야곱아 너를 창조하신 여호와께서 지금 말씀하시느니라 이스라엘아 너를 지으신 이가 말씀하시느니라 너는 두려워하지 말라 내가 너를 구속하였고 내가 너를 지명하여 불렀나니 너는 내 것이라 네가 물 가운데로 지날 때에 내가 너와 함께 할 것이라 강을 건널 때에 물이 너를 침몰하지 못할 것이며 네가 불 가운데로 지날 때에 타지도 아니할 것이요 불꽃이 너를 사르지도 못하리니."

요한복음 15:16
"너희가 나를 택한 것이 아니요 내가 너희를 택하여 세웠나니 …."

에베소서 2:8-9 "너희는 그 은혜에 의하여 믿음으로 말미암아 구원을 받았으니 이것은 너희에게서 난 것이 아니요 하나님의 선물이라 행위에서 난 것이 아니니 이는 누구든지 자랑하지 못하게 함이라"라는 말씀이 생각났다.

세상에 수많은 사람들 가운데 우리를 선택하셔서 하나님의 자녀 삼아 주시고, 예수를 구주로 믿게 하시고 주님의 은혜로 천국을 상속받게 하시는 하나님의 은혜와 사랑에 감격하며 감사했다.

22

양털같이 부드러운 계단 위에 지어진 집도 있다

마태복음 6:6

"너는 기도 할 때에 네 골방에 들어가 문을 닫고 은밀한 중에 계신 네 아버지께 기도하라 은밀한 중에 보시는 네 아버지께서 갚으시리라."

이 집은 동산 위에 지어진 집이었다. 온갖 황금 보석으로 꾸며진 큰 성이었다. 아래에서 위를 쳐다보듯이 이 집을 보았는데, 그 위엄과 웅장함이 이 땅에서는 보지 못했던 거룩한 두려움마저 느끼게 하는 아름다운 집이었다. 이 집도 휘황찬란하게 꾸며진 황금 집으로 빛이 반사되는데 그 아름다움과 황홀함에 정신이 나갈 정도였다.

그런데 이 집의 특징은 성으로 올라가는 입구가 황금 계단으로 되어 있다는 것이었다. 이 계단에서 여러 천사들이 땀을 흘리며 부지런히 광을 내듯 무언가를 하고 있었다. 계단 길이와 너비가 상당히 길고 크게 보였다.

계단은 수정같이 맑은 정금으로 되어 있었으며, 계단 층층 사이에 크고 작은 다양한 보석들이 박혀 있었는데, 마치 밤하늘에 빛나는 별빛같이 아름다운 무지개 빛을 발하였다. 계단 바닥은 새벽에 내린 흰 눈같이 맑은 정금으로 거울처럼 비쳤다.

'이 계단을 올라가려면 악한 생각을 하거나 거짓된 마음을 품으면 절대로 저 계단에 올라갈 수가 없겠구나' 하는 생각까지 들었다.

　계단 좌우 측에는 온갖 아름다운 크고 작은 색깔의 이름 모를 다양한 황금 꽃들이 피어서 창조주 하나님을 찬양하고 이 집의 주인을 기쁘게 하는 것처럼 보였다.

　이 계단은 각이 져서 딱딱한 느낌을 주는 것이 아니라, 양털같이 부드럽고 구름을 타고 올라가는 느낌의 황금 계단처럼 보였다. 이 황금 계단에 올라가 있기만 해도 감사와 찬양이 절로 나며, '이 세상에서는 맛볼 수 없는 행복이 느껴지겠구나' 하는 마음의 진한 감동이 왔다. 더구나 이 황금 계단은 에스컬레이터처럼 자동으로 움직이고 있었다.

　여기에서 주님은 이렇게 흐뭇해하시며 말씀하셨다.
　"이 집 주인은 세상에 있을 때 기도의 무릎을 꿇고 항상 나와 기도로 의논하며 생활했던 신실한 내 종이었다."

그러면서 성도들이 갈수록 세상을 살면서 이런저런 핑계로 기도 시간을 줄이는 것을 매우 안타까워하셨다.

23

사랑이 넘치는
예수님의 모습

이것은 내가 세 번째 천국을 방문했을 때 본 체험이다.

깊은 기도에 들어가기 전, 나는 눈을 감고 기도는 계속하고 있었지만 육신의 생각에 사로잡혀 깊은 기도에 들어가지 못하고 숨도 제대로 쉬지 못하였다. 나는 창자가 끊어지는 듯한 아픔과 고통으로 방언 기도를 했다. 옆에서 성좌산 기도원 원장님도 함께 합심하여 기도해 주시고,

기도원에서 기도하던 성도들도 함께 기도로 협력자가 되어 주었다. 그러면서 한 단계를 넘어서 영적으로 더 깊이 들어가게 되니 육신의 생각이 죽고 영의 세계로 들어가게 되었다.

이 장면은 영화 속에서 또 다른 장면의 영화를 보는 것 같았다.

나는 사랑의 예수님을 보았다. 그분의 모습은 태양빛과는 비교도 할 수 없는 너무나 크고 아름다운 빛을 발하셔서 감히 고개를 들어 제대로 바라볼 수가 없었다. 그분이 입고 계시는 옷은 두루마기 같아 보였다. 결혼식장의 신부가 입은 드레스같이 깨끗하고 길게 아래로 펼쳐져 있었다.

그 옷은 온갖 보석들이 수놓아져 반짝반짝 빛을 발하는 황금 옷이었다.

주변에는 수많은 천군 천사들이 호위하고 있었는데 그 수를 셀 수가 없었다. 그분의 위엄과 권위와 거룩함은 이 땅의 그 어떤 언어를 동원한다 해도 표현을 다 할 수가 없다. 내가 육신의 상태로 예수님의 모습을 보았다면, 예수님의 위엄 앞에서 심장이 멈추고 몸이 굳어버렸을 것이다. 예수님의 모습을 나는 감히 고개를 들어 쳐다볼 수가 없었다. 이 세상 어떤 글로도 어떻게 표현할 수가 없다.

그러나 감사한 것은 예수님의 모습은 그 빛이 두렵거나 무서운 것이 아니라, 그 얼굴에서 평화와 인자함이 끝없이 흘러나왔다. 우리 인간의 연약함을 다 이해하시고 용납하시는 사랑의 모습을 느낄 수 있었다. 이 장면은 순식간에 펼쳐졌다.

나는 이 장면을 본 후, 때로는 우리 목회자들이 예수님을 성도들에게 너무 어렵게 설명하려고 하며, 멀리 계시는 분으로 두려운 분으로 전하려고 하는 것은 아닌가라는 생각을 했다.

예수님은 열두 제자들과 함께 뒹굴고, 함께 생활하고, 너무나 편한 분이시고 친근한 분이심을 알아야 한다.

24

천국엔 건축하다
중단된 집도 있다

디모데후서 4:10

"데마는 이 세상을 사랑하여 나를 버리고…."

우리가 사는 이 땅의 모습처럼 표현한다면, 이 집은 바닥 공사를 마치고 크고 작은 여러 가지 기둥들이 많이 세워져 있었고 슬라브 공사가 마쳐진 상태같이 보였다. 비록 건축이 중단된 상태였으나, 건물 외형만 보아도 '이 집은 엄청나게 크고 웅장하며 아름다운 건축물을 짓기 위해 건축이 진행되었겠구나' 하는 생각이 나게 했다. 우리가 시골을 가다 보면, 낮은 언덕배기에 큰 건물을 짓다가 중단된 건물 모습처럼 보면 이해가 될 것이다.

그러나 천국의 건축 현장은 이 땅의 건축 현장처럼 어수선하거나 지저분한 곳은 하나도 없었다. 건물이 중단됐다고 해서 이 땅의 건물처럼 흉물스러운 곳이 아니다. 왜냐하면 모든 건축 자재가 온갖 종류의 황금 보석들이고, 또 천국은 빛 되신 하나님의 통치와 지배를 받는 곳이기 때문이다. 그래서 그 어디에도 무질서가 존재하지 않았다.

하지만 천국 건축 현장에서 중단된 건물을 바라볼 때 내 마음에 눈물이 날 정도로 아픔이 있었다.

'저 집 주인은 누구였기에 저렇게 웅장하고 아름답게 지어가던 천국 집이 중단되었을까? 혹 내가 알 수 있는 사람이라면 절대로 천국 집을 중단해서는 안 되며 반드시 다시 지어야 된다'는 것을 전해주고 싶은 마음이 간절했다.

건축이 중단된 이 집은 천사들이 관리하고 있었다.

이런 제 마음을 아시고 주님께서 심히 안타까워하셨다.

"사랑하는 종아! 고맙구나! 이 집 주인은 교만에 빠져 죄를 짓고 주님을 멀리하였다. 지금은 악한 영의 지배를 받아 데마처럼 세상이 좋아 세상 길로 갔느니라."

나는 이 장면을 보면서 우리가 이 땅에 사는 동안 딱 한 번밖에 없는 삶인데 이 기회를 천국 집 짓는 일에 열심을 다해야겠다는 다짐을 했다.

천국에는 건축을 하다 중단된 집이 많이 있었기 때문이었다.

25

믿음이 약한 할머니의 죽음

내가 세 번째 천국을 방문했을 때 주님께서 이 장면을 보여주셨다.

시골집 같은 느낌을 주는 방 안에 70대쯤 보이는 할머니가 누워 계셨고, 그 주변에 가족들이 앉아 있었다. 교회에서 목사님과 성도들 같아 보이는 여러분들이 나와서 찬송을 부르고 기도를 하고 있었다. 70대쯤 보이는 할머니는 임종 직전의 모습으로 누워 있었고, 그 앞쪽으로 흰옷 입은 천사들이 이를 지켜보고 있었다. 천사의 숫자는 얼마 되지 않아 보였다.

그런데 방 입구에는 악한 영들이 할머니를 주시하면서 무언가를 기다리듯 할머니를 쳐다보고 있었다. 악한 영의 모습은 TV 드라마에 나오는 저승사자 모습과 비슷하게 보였다. 임종 직전의 할머니는 영적 싸움을 하고 있는 듯 보였고, 그때마다 악한 영들이 천사들의 틈을 뚫고 할머니에게 다가가려는 자세를 취하고 있었다.

'저 할머니는 교회는 다녔지만 믿음이 약해서 구원의 확신이 흔들리는 신앙인이구나!'라는 생각이 들었다. 그곳에서 악한 영들이 이 할머니의 영혼을 장악하려고 애를 쓰고 있었는데, 천사들이 계속해서 할머니를 보호하고 있었고, 죽음 직전에 있는 할머니는 있는 힘을 다해 목사님이 전하는 복음과 성도들이 부르는 찬송을 듣고 예수님을 붙잡으려고 애쓰고 있었다.

마침내 할머니의 영혼이 잠자리에서 일어나듯 몸에서 빠져나오니, 천사가 준비해온 흰옷을 마치 신하가 왕에게 받들어 올리듯 입히고는 할머니의 영혼을 받들어 하늘로 올라갔다. 그러자 방 입구에 있던 악령들이 몹시 아쉬워하는 표정으로 그 자리를 떠나버렸다.

이 장면에서 내 안에 계시는 주님께서 사람이 죽은 다음에 천사들이 그 영혼을 천국으로 인도할 때 신앙의 수준과 믿음의 분량에 따라, 그리고 누가 더 주님께 충성했느냐에 따라 대접이 다르다고 가르쳐 주셨다. 그러시면서 "어떤 사람에게는 꽃가마로, 어떤 사람에게는 황금 마차로 데려가며, 내 종 엘리야는 불수레와 불말들을 동원해 회오리바람으로 내가 데려가지 않았느냐"라고 말씀하셨다.

열왕기하 2:11
"두 사람이 길을 가며 말하더니 불수레와 불말들이 두 사람을 갈라놓고 엘리야가 회오리바람으로 하늘로 올라가더라."

26
국가 유공자 상장이 걸린 집

우리 아버님 정만섭(장인 어른) 집사님은 평범한 서리 집사였다. 하지만 정이 많고 따뜻하며 언제나 다른 사람을 위해 희생하시는 분이셨다.

사실, 아버님은 가족들 중에 예수님을 제일 늦게 믿으신 분이다. 성품이 좋고 정직하며 법 없이도 사신 분이셨다. 하지만 워낙 고집이 세서서 자녀들이 교회 가는 걸 반대는 안 해도 당신 자신은 교회를 멀리 하셨다. 더구나 아버님의 동생이신 작은 아버님과 이모부님 세 분이 서로 누가 끝까지 교회 안 나가는지 내기를 하실 정도였다. 그만큼 교회에 대해 마음을 닫고 계셨다.

그러던 어느날 건축업에 종사하던 아버님이 일을 하다 낙상하는 사고를 당하셨다. 척추가 골절되는 사고로 입원을 하셨고, 어머님(장모님)이 나가시던 교회 목사님께서 병원 심방을 오셨다. 이때 예수님을 영접하게 되셨고, 그 이후 새롭게 변화되어 신실하고 진실하게 주님을 섬기며 평생을 주님과 동행하며 사셨다. 처남되는 목사님 교회와 내가 섬기는 교회에 많은 물질과 몸으로 봉사하시며 헌신을 하셨다.

특히, 내가 의정부에서 개척하여 건축하는 과정에서 우리 어머님(장모님)과 같이 몸으로, 물질로 너무나 많은 헌신과 희생으로 교회를 섬겼다. 남달리 나를 사랑해주시고 많은 추억을 갖게 하셨던 분이셨기에 내가 천국을 처음 보게 되었을 때부터 천국에 먼저 간 그리운 사람들 가운데 가장 먼저 아버님 얼굴 보기를 간절히 소망했다.

그런데 천국을 네 번째 보게 되었을 때 두 사람의 얼굴을 볼 수가 있었다. 그때 주님께서 우리 아버님의 얼굴과 집을 보여주셨다. 사실, 아버님이 2000년 6월에 뇌졸중으로 쓰러지셔서 한 달 만에 72세 나이로 천국으로 가셨는데, 그 후 나는 아버님을 많이 그리워하며 살았다.

아버님의 집은 황금 보석으로 지어졌는데, 광채가 나고 집안에 들어서니 정원도 있고 수영장도 있었다. 나는 마치 영화의 한 장면을 보듯 아버님의 모습을 보았다. 하지만 금세 이런 생각이 들었다.

'아! 저분이 내가 아는 정만섭 집사님, 우리 아버님이시구나!'

얼굴은 광채가 나 정확하게 쳐다볼 수는 없었지만 이 땅에서는 전혀 보지 못했던 모습이셨다. 너무나 아름답고 젊은 청년같이 변해 있었다. 천사들보다 더 광채가 나고 빛이 났다.

　내가 주님께 붙들린바 되어 그 집에 들어섰을 때는 아버님이 꽃밭 정원을 거닐고 계시는 것을 보면서 집안으로 들어갔다. 황금 대리석이 깔린 큰 거실에 들어서니 벽같이 생긴 곳에 상장이 여러 개 걸려 있었다. 유독 하나의 상장이 빛을 발하면서 내 눈에 들어왔는데, 그것은 국가 유공자 상장이었다. 아버님은 6.25전쟁 참전 용사로 부상을 입고 평생을 몸에 파편을 지니고 고통을 당하며 사신 분이셨다. 그런데 이것이 천국에서 상급으로 빛이 나고 있었다. 다시 집 밖으로 나왔다. 아버님이 수영장에서 황금 수영복을 입고 수영을 하기 위해 준비하고 계신 것을 볼 수가 있었다.

　이 장면을 본 후, 나는 에스더 4:14 "이때에 네가 만일 잠잠하여 말이 없으면 유다인은 다른 데로 말미암아 놓임과 구원을 얻으려니와 너와 네 아버지 집은 멸망하리라 네가 왕후의 자리를 얻은 것이 이때를 위함이 아닌지 누가 알겠느냐 하니"라는 말씀이 떠올랐다.

하나님의 자녀인 성도들이 자신의 나라와 민족을 더 사랑하고 기도하며 희생하고 헌신하는 삶이 있을 때 천국에서 받을 상급이 많다는 것을 생각했다.

27
천국의 예술인 마을

　천국은 어디를 가도 맑고 밝고 깨끗하고 거룩한 곳이다.

　하나님께서는 우리가 살고 있는 지구도 만드셨고, 천국도 만드셨기 때문에 모두가 창조주 하나님의 작품이다.

　특히 사람은 하나님의 형상과 모양대로 지음을 받은 존

재이기에 사람의 머리에서 나오는 지혜도 엄청나기에 천국에 있는 것들을 연상하게 된다. 그렇기 때문에 우리가 살고 있는 이 땅은 천국의 모델이요, 천국의 축소판이다.

반대로 생각하면, 죄는 마귀로부터 나온다. 그러기에 사람이 죄를 짓고 나쁜 행동을 할 때에는 마귀가 기뻐하게 되고, 그 사람의 마음과 심령은 지옥에서 느끼는 두려움과 무서움에 사로잡히게 되는 것이다.

내가 방문해 본 이곳은 천국 가운데서도 다른 곳에 비해 경치가 좋고 주변 환경이 더 아름다운 곳이었다. 앞쪽으로 큰 바다 같은 호수가 있는데, 이 호수에서 빛을 받아 별빛 같은 빛이 비춰는데 그 빛이 무지갯빛보다 더 아름다웠다. 길은 서울 광화문 세종문화회관 앞 도로보다도 더 넓은 유리 정금으로 쭉 뻗어 있었다.

나는 이곳을 둘러보는데 한 집이 눈에 들어왔다. 이 집은 동화책에 나오는 궁전 같은 집으로, 지붕 모양이 팔각

정같이 보였다. 궁전 같은 이 집에 온갖 모양의 크고 작은 보석들로 지어져 있어 빛을 반사하는데 빛 때문에 눈이 부셔서 집을 제대로 쳐다볼 수가 없을 정도였다.

　이 집의 규모는 내가 천국에서 보았던 집들 가운데 아주 큰 것에 속한 것은 아니었지만, 집의 아름다움이 뛰어났고, 집 모양이 마치 예술관같이 보였다. 예술관 같은 이 집의 외부 공사는 마무리 된 것 같이 보였으나, 흰옷 입은 천사들이 계속 집 내부를 부지런히 왕래하는 것으로 보아 아직 내부 공사가 진행 중에 있다고 생각했다.

　주님께서도 이 집 내부를 보여주시지는 않으셨다. 천국 건축 현장은 이 땅처럼 어수선하거나 무질서하지 않았다. 천국은 어디를 가도 맑고 깨끗한 거룩한 곳이다. 그러면서 자유와 기쁨이 있고, 감사와 찬양이 있으며, 오직 하나님의 사랑으로 다스려지는 나라이다.

　이 장면에서 내 안에 계시는 주님은 "이 집 주인은 이 땅에 살고 있는 신실한 하나님의 자녀인데, 찬양(예술)으로 하나님을 기쁘시게 한다"고 말씀하셨다. 그러면서 계속 이 집을 확장해서 지을 것이라고 하셨다.

나는 이곳을 보면서 이렇게 생각했다.
'야! 천국에도 예술인 마을이 있구나!'

28

다시 보게 된 나의 집

    2012년 3월 5일(월), 7일(수) 사이에 세상의 외부로부터 오는 여러 가지 일로 나는 다시 아내와 함께 기도원을 찾아 기도의 시간을 가졌다. 기도원에서 은혜받던 중, 6일(화) 저녁 집회 후였다. 나는 30여 명의 사람들이 기도하며 함께 있는 가운데 다시 주님께 이끌려 천국을 보게 되었다. 이때도 천국의 여러 곳을 보게 되었는데, 그중에 주님께서 나의 집을 보여주셨다.

내가 처음 나의 천국 집을 보았을 때는 큰 터를 닦고 그 위에 기초 공사를 마치고 있었다. 그런데 이틀 만에 다시 방문했을 때는 나의 천국 집이 많이 지어지고 있었다. 그런데 3개월 후 다섯 번째로 천국을 방문하여 내 집을 보았을 때는 한 동의 큰 황금 보석 건물이 세워지고 그 안으로 천사들이 분주하게 왕래하고 있었다.

건물의 외부 공사가 끝나고, 내부 공사가 진행 중이라는 생각이 들었다. 하지만 집안으로 들어가 보지는 못했다. 그 옆에는 또 다른 건물을 세우기 위해 터를 닦고 있었다.

나는 이 광경을 보면서 비록 영화의 한 장면처럼 보았지만 너무나 감격이 되었다.

"야! 내 집이다! 집이 이렇게 크게 지어지다니!"

나는 큰소리로 외치며 기뻐했다.

이 외치는 소리를 천국에서 마치 아나운서가 생중계 방송을 하듯이, 내 입술을 통해 전달되었고, 그곳에서 기도하고 있던 많은 사람들이 다 들었다.

이 장면을 통해서 주님께서 알려 주신 것은 자신이 가지고 있는 육신의 신분이나 환경을 육신의 정욕을 위해서 사용하고, 땅에서 자신의 이름을 드러내는 일에 다 누리면 하늘나라에 상급이 없다는 것이다. 하지만 작은 일이라도 성령 안에서 믿음으로, 영으로 지배받아 겸손히 행하면 하늘나라에 상급이 이렇게 크다는 것을 알게 해주셨다.

나는 사실 천국과 지옥을 본 후 3개월 동안 분초마다 주님과 동행하려고 애썼고, 여러 교회를 다니면서 천국과 지옥을 주님의 애타는 심정으로 힘을 다해 전했다. 오직 주님께만 영광을 돌려드린다!

29

찬란한 황금 보석 광산

　천국은 어디를 가든지 주님의 보좌로부터 흘러나오는 빛의 나라이다. 맑고 깨끗하고 거룩한 질서의 나라인 것을 알 수 있다.

　내가 본 곳은 멀리서 볼 때는 큰 산과 같은 곳이었다. 그런데 이 산에서 빛이 거울처럼 반사되어 비추는데 도무지 이해가 안 되어 한참을 머뭇거리고 있었다. 좀 더 가까이 다가가 보니 크고 작은 바위같이 보였다. 그 바위 크기가 얼마나 큰지 이 땅에서는 볼 수도 없는 큰 규모였다.

그런데 이 바위가 황금 보석으로 되어 있었다. 전부 색깔이 아주 다양했다. 우리가 흔히 말하는 빨주노초파남보 무지개 색깔을 띤 크고 작은 황금 바위들이 빛을 반사하면서 끝없이 펼쳐져 있었다. 나는 영화의 한 장면처럼 보고는 있었지만, 너무나 눈이 부셔서 감히 쳐다볼 수가 없었다.

이 황금 보석 바위들은 너무나 아름다워 큰 감동을 주었다.
흰옷 입은 천사들은 군인들처럼 보석이 박힌 황금 광산을 관리하고 있었으며, 또 다른 많은 천사들은 광부들처럼 무언가 일을 하고 있었다.

이 장면을 보며 나는 이런 생각을 했다.
'이렇게 많은 보석 바위들 가운데 내가 세상에 하나만

가지고 갈 수만 있다면 이 일도 하고 저 일도 할 수 있을 텐데…'라고 말이다.

주님께서 그런 내 마음을 아시고 다시 말씀하셨다.
"사랑하는 종아! 믿음으로 받아 누리라!"

30

천국 예술 공원도
만든다

아주 넓은 들판과 같은 곳이었다. 이 넓은 들판은 태양빛 같은 빛을 발하며 잔디가 심겨져 있는데, 황금 잔디밭이었다. 이 황금 잔디밭이 얼마나 크고 넓은지 그 끝이 보이지 않았다.

그 주변에는 맑고 깨끗한 무지갯빛이 발하는 호수가 있고, 병풍같이 펼쳐진 작은 동산들이 있으며, 산에는 크고 작은 아름다운 황금빛 나무들이 즐비하게 자라고 있었다. 단풍 물결이 춤을 추는 강원도 설악산보다 더 아름답게 황금빛을 비추는 광경이었다.

아름다운 영화의 한 장면을 보는 것 같았는데 황금 잔디밭의 주변 경치를 바라보는 내 마음은 감동의 연속이었다. 이 황금 잔디밭은 천사들이 정원을 가꾸듯이 관리를 하고 있었다.

천국에 있는 천사들은 모두 전문가다. 그 어떤 천사도 놀고 있지 않았다. 광채 때문에 그 얼굴을 정확하게는 볼 수 없었지만, 모두가 흰옷을 입고 즐겁고 행복한 모습으로 자신의 주어진 일을 부지런히 하고 있었다.

이때 주님께서 내 마음에 이런 감동을 주셨다.
'앞으로 구원받은 백성들이 천국에 다 올라오게 될 때 이곳에서 구원받은 천국 백성들과 천사들이 함께 창조주 하나님을 찬양하는 천국 예술 공원이 되겠구나!'

31

예수님의 제자들이 사는 지역

천국은 높은 보좌로부터 흘러나오는 맑고 밝고 깨끗한 빛이 지배하는 곳이다.

주님의 은혜를 따라 어느 한 곳을 방문하게 되었다. 바로 성경에 나오는 예수님의 제자들이 사는 지역이었다. 예수님의 제자들이 사는 지역은 천국 중에서도 상대적으로 다른 곳에 비해 주변 환경이 너무나 아름답고 넓은 곳이었다. 여기에 그리 높지 않은 동산이 연결되어 끝없이 이어져 있는데, 그 동산 앞으로 넓은 황금 들판이 펼쳐져 있었다. 이곳과 저곳을 연결하는 도로는 정금으로 수놓아진 길인데, 그 끝이 보이지 않을 만큼 시온의 대로가 쭉 뻗어져 있었다.

병풍처럼 펼쳐져 있는 동산은 단풍에 물든 가을 산보다 수천 배 더 아름다운 무지갯빛 색깔로 빛이 났다. 이 빛을 받아 별빛처럼 반짝이는 바다 같은 큰 호수가 여러 곳 있었다. 호수 위에는 보석을 깔아 놓은 듯 빛을 반사하고 있었으며, 호수의 깊이는 알 수가 없었다.

이런 강 같은 큰 시냇물이 여러 곳에서 흐르고 있었다. 이곳 역시 물 위에 보석을 수놓은 듯 아름다운 빛을 반사하며 하나님을 찬양하였다. 바로 이곳에 큰 성 같은 집들이 장엄하게 지어져 있었다. 그 모양도 다르고 크기도 달랐다. 어떤 집은 유럽에서나 볼 수 있는 궁전 같은 모양도 있고, 어떤 집은 초고층 빌딩 같은 느낌이었으며, 어떤 집은 한옥 같은 모양의 집도 있었다. 여기서 말하는 집은 집이라기보다는 하나의 나라같이 그 규모가 상당이 컸다.

예수님의 제자들이 사는 지역은 천국에서도 최고로 좋은 곳이요, 아름다운 곳이며, 하나님의 보좌와 거리가 가까워 보였다. 제자들의 집은 천국에 있는 최고의 보석들로 지어졌기 때문에 황금 보석의 모양도 다양하고 크기도 아주 크며 집들마다 광채가 달랐고 규모도 달라 보였다.

그러나 예수님의 제자들이 사는 집 내부를 들어가 보지는 못했다. 또 베드로 사도 집 외에는 어떤 집이 어느 제자의 집인지도 알 수는 없었다. 이 제자들이 사는 지역의 입구는 마치 관광지에 가면 안내 문구가 새겨져 있듯이, 예수님의 제자들의 이름이 새겨져 있었다.

제자들이 사는 지역은 하나의 큰 마을 정도가 아니라 마치 한 나라같이 크고 넓었다. 천국에서도 제일 좋은 곳으로 집들도 최고급 보석으로만 지어진 곳이었다.

그런데 예수님의 제자들이 사는 지역은 누구나 자유롭게 왕래할 수 있는 지역이 아니라는 생각이 들었다.

천국은 하나님의 사랑으로 통치되는 곳이다. 그렇기 때문에 구원받은 성도들은 하나님의 사랑과 평화를 마음껏 자유롭게 누리는 나라다. 그렇다고 무질서한 곳이 아니다. 천국은 거룩한 하나님의 법 질서가 적용되고 있는 거룩한 나라였다.

다니엘 12:3
"지혜 있는 자는 궁창의 빛과 같이 빛날 것이요 많은 사람을 옳은 데로 돌아오게 한 자는 별과 같이 영원토록 빛나리라."

32

제자 베드로의 집을 보았다

천국은 태양빛보다 더 밝은 빛에 의해 다스려지는 곳이다. 하나님의 보좌와 가까울수록 더 영광스럽고 기쁨이 넘치는 곳이다.

베드로의 집은 예수님의 제자들이 사는 지역을 방문했을 때 보았다. 내가 깊은 기도 중에 내 안에 계시는 주님께 붙잡혀 함께 떠났다. 마치 바람을 타고 공중에 떠 있는 것 같기도 하고, 어느 때는 눈에 보이지 않지만 큰 새를 타고 움직이는 것 같기도 하고, 바꿔 표현하면 잠을 잘 때 꿈을 꾸듯 또 다른 내가 날아다니는 것 같은 기분…그런 상태에서 위에서 아래를 내려다보듯이 영화의 한 장면처럼 보게 되었다.

베드로의 집은 큰 성과 같은 건물인데, 집 전체가 수많은 황금 보석으로 수를 놓아 그림을 그린 듯 웅장하고 장엄하게 끝이 보이지 않을 정도로 높았다. 집의 외벽과 지붕은 여러 모양의 탑 같기도 하고 여러 모형의 조각 같기도 한 것이 천국에서도 제일 비싸고 좋은 보석으로 만들어져 하늘나라 최고의 작품으로 그 형체를 뽐내고 있었다.

이 집은 그 규모나 아름다움에 있어서 보는 이로 하여금 두려움이 느껴질 정도로 높이 솟아 광채가 나며 위엄이 있었다. 밤하늘에 수놓은 크고 작은 별빛같이 온갖 영롱한 보석으로 만들어진 다양한 조각 작품들이 빛을 받아

비치는데, 이 모습이 마치 천사들이 합창하며 하나님을 찬양하듯 보였다. 이 집만 바라보아도 무식한 어부 출신이었지만 위대한 신앙고백(마 16:16)으로 끝내 예수님을 위해 순교한 신앙에 상급으로 보답해주신 하나님의 사랑에 감사하며 감격해 하는 베드로의 마음이 그대로 느껴졌다.

나는 베드로의 집을 보면서 예수님이 이 땅에서 사역하실 때 너무나 사랑한 제자로서 베드로가 육신으로 있을 때 주님을 위해서 얼마나 헌신하고 충성한 제자였는지 다시 생각했다.

이 집의 성문이 상당히 컸는데, 그 문도 어부들의 그물 모양처럼 황금 보석으로 만들어져 있었다.

내 안에 계시는 주님께서는 이 집의 주인인 베드로를 칭찬하셨다. 주님께서는 베드로가 주님을 위해 수고하고, 고난을 받고, 복음을 위해 순교한 베드로의 삶을 다

기억하셨다. 특히 베드로가 웃을 때 같이 웃으셨고, 베드로가 울 때 같이 울었다고 하시면서 그때마다 이 집을 상급으로 아름답게 지으셨다는 깨달음을 주셨다.

베드로의 집을 보면서 그의 집은 인터넷에서 보았던 모스크바의 성 바실리 성당과 로마의 성 베드로 성당을 합쳐놓은 모양의 느낌을 주는 것과 비슷하다는 생각을 했다.

어쩌면 천국의 것을 이 땅에 있는 것과 비교해서 표현한다는 것이 조금은 억지스러운 일이라는 생각도 든다. 하지만 그만큼 베드로의 집은 그 크기나 웅장함에 있어서 천국에서 최고이며, 그 규모 면에서도 한 나라와 같은 것이었다.

33

아! 순교자 주기철 목사의 집

 깊은 기도 가운데 내 안에 계시는 주님의 은혜로 또 한 곳의 집을 방문하게 되었다. 천국을 볼 때 영화 촬영처럼 카메라 렌즈를 통해 보듯이, 나는 주님께서 보여주시는 장면만 볼 수 있었다.

 이 집은 큰 한옥 모양을 한 궁전 같은 건물이었는데, 끝이 보이지 않을 정도로 아주 웅장하고 경이롭고 광채가 나는 큰 건물이구나라는 생각이 들었다. 건물 모양이 우리나라 전통 한옥 같은데 그 높이가 상당히 높게 보였다. 이 집은 여러 형태의 건물로 세워져 있었는데, 여기에 사용된 건축 자재는 천국에서 제일 크고 좋은 온갖 보석들로 집을 지었고 그 광채와 아름다움이 가히 환상적이었다.

이 건물 사이사이에는 크고 작은 정원 같은 공원이 조성되어 있는데, 마치 식물원과 동물원을 함께 옮겨놓은 듯한 느낌을 주었다. 정원 안에는 큰 호수도 있고, 황금 잔디밭도 있으며, 황금빛을 발하는 아름다운 꽃들이 피어 춤을 추고, 아름다운 단풍나무를 옮겨놓은 듯한 크고 작은 나무도 있었다. 그 사이로 아름다운 황금빛의 나비와 새들이 날아다녔다. 짐승도, 새도, 꽃도, 식물도 창조주 하나님을 찬양하고, 예수님의 보혈로 죄 사함 받고 끝까지 신앙의 순결을 지킨 주인을 기쁘게 하자라고 하는 것 같았다.

천국에는 새들이 얼마나 아름다운 소리로 하나님을 찬양하는지 이 땅에서는 그런 소리를 들어본 적이 없는 아름다운 소리였다.

이 집의 정원에는 시골에서나 볼 수 있는 원 모양으로 생긴 황금으로 만든 우물이 있었는데, 이 황금 우물이 굉장히 넓고 컸다. 여기에서 샘물이 솟아오르는데, 이 물은 너무나 맑고 깨끗할 뿐 아니라 거품 같은 물방울이 넘치지는 않으면서 계속 위로 솟아오르고 있었다.

신기한 것은 황금 우물에서 솟아오르는 거품 같은 물방울이 마치 이 땅에서 최고로 값비싼 명품 오디오도 이 소리와는 비교가 되지 않게 아름다운 천상의 찬양 소리로 흘러나오고 있었다. 이 찬양 소리만 들어도 모든 피곤과 스트레스가 사라지고 기쁨과 행복한 마음이 저절로 나는 것 같았다.

이 집의 또 한편에는 조각 공원이 있었다. 이 조각 공원은 기념비를 세워놓은 듯 크고 작은 황금 돌로 세워져 있었는데 그 수가 이루 헤아릴 수가 없이 많았다.

 황금 돌같이 세워진 여러 모양의 조각 공원에는 그 어떤 것을 기념하기 위해서 만들어졌다는 생각이 들었는데, 그 황금 돌에는 의미가 담긴 내용들이 새겨져 있었다. 그러나 그 기념비가 엄청 빛이 나고 광채가 나서 눈으로 내용을 읽을 수는 없었다. 글씨는 읽을 수 없어도 의미는 주님께서 깨닫게 하셨다. 그것은 주기철 목사를 기리는 것이었다.

 순교자 주기철 목사가 이 땅에서 주님을 섬길 때 주님의 이름을 배반하지 않고 일본의 모진 고난을 받을 때마다 주님께서 주기철 목사와 함께하셨다는 것이다. 다시 말해, 일본 천왕을 신으로 섬기며 신사 참배를 강요할 때 주님의 이름을 더럽히지 아니하고 감옥에 갇혀서 매 맞고 고문당하고 추위와 배고픔 속에서도 끝까지 믿음을 붙잡고 마지막까지 신앙의 정조를 지키며 순교한 주기철 목사와 아픔을 함께하셨다.

그리고 또 중요한 것이 있었다. 예수님께서 주기철 목사의 순교를 얼마나 높이 평가하시며 상급을 크게 생각하시고 사랑하시는지 마치 연인이 연애편지를 쓰듯이 주님의 사랑을 애틋하게 나타내셨다. 주님께서는 주기철 목사의 순교의 죽음을 너무나 고마워하시면서 그의 집에 조각 공원을 만들어 그 고마움의 내용을 기념비로 새겨놓았다는 것이다. 주님께서는 이 땅에 사는 우리 성도의 모든 삶을 너무나 잘 알고 계시는 분이셨다.

이 대궐 같은 집을 많은 천사들이 모두가 전문인같이 분주하게 움직이며 관리하고 있었다.

주님께서는 "이 집의 주인은 신사 참배를 하지 않고 끝까지 내 이름을 부인하지 않고 더럽히지 않은 신실한 내 종 순교자 주기철 목사의 집이라"고 다시 확인해주셨다.

깊은 기도 가운데 내가 본 주기철 목사의 집은 한옥 같은 느낌의 큰 궁전 같은 집으로, 그 아름다움과 웅장함이 너무나 대단해서 이 땅의 모든 수식어를 다 동원한다 해도 다 표현할 수가 없었다.

이 땅을 사는 많은 사람들은 넓고 쉬운 길을 걸어가기를 좋아한다. 하지만 순교자 주기철 목사는 일본 경찰에 고문당하고 매를 맞으면서도 다른 사람들이 가기 싫어하는 좁은 문으로 들어가기를 주저하지 않았으며, 넓고 쉬운 길을 택하지 않고 주님의 이름을 더럽히지 않기 위해 끝까지 믿음을 지켰다.

주님께서는 이 모든 것을 상세히 알고 계셨다고 하셨고, 그래서 순교와 환난당한 것에 대해 천국의 제일 큰 상급으로 보답해주셨다. 천국의 상급은 우리가 이 땅에서 행한대로 받는다.

우리가 이 땅에서 살 때 꼭 알아야 할 것은 우리의 신앙생활이 '누가 누구에 비해'라는 상대적 평가가 아니라 성경이 가르치고 성경에 근거한 하나님의 절대 평가를 기준으로 마지막에 심판을 받게 된다는 것을 기억하고 주님을 섬겨야 한다.

요한계시록 3:8

"… 내가 네 행위를 아노니 네가 작은 능력을 가지고서도 내 말을 지키며 내 이름을 배반하지 아니하였도다."

마태복음 7:13-14

"좁은 문으로 들어가라 멸망으로 인도하는 문은 크고 그 길이 넓어 그리로 들어가는 자가 많고 생명으로 인도하는 문은 좁고 길이 협착하여 찾는 자가 적음이라."

여호수아 4:7

"… 이 돌들이 이스라엘 자손에게 영원히 기념이 되리라 하라 하니라."

34

천국에는 각자 이름이 새겨진 금향로가 있다

천사들은 모두 각자 해야 할 역할이 있고 직위가 서로 다르다. 천사들은 오직 주님의 명령에 의해서만 움직인다.

주님께서는 구원받은 백성들을 섬기기 위해 천사들을 보내 주셨다. 천사들 중에는 성도들이 이 땅에서 기도하는 내용을 담아 하늘나라로 올라가는 천사도 있었다.

성도들이 하나님께 드리는 기도 내용을 담은 그릇은 천사들에 따라 모양이 약간씩 달랐다. 어떤 천사의 그릇은 황금으로 만든 항아리 모양 같기도 하였고 또 어떤 천사에게 들려진 것은 황금으로 만든 금 대접 모양도 있었다.

그런데 천사들이 들고 왕래하는 금 대접에는 이름이 각각 적혀 있었다. 두 사람의 이름이 아닌, 한 사람의 이름이 새겨져 있었다. 천사들은 이름이 각각 기록된 금 대접 기도 그릇을 들고 분주하게 왕래하는 천사가 있는가 하면, 느리게 움직이는 천사도 있었다.

그런가 하면 어떤 천사가 들고 있는 대접에는 아무것도 담겨 있지 않는 빈 대접도 보였다. 이 땅에서 성도들이 하나님께 간구하는 기도 내용을 담아 천국으로 올려보내는 것이다.

성도들이 간구하는 기도 내용을 담아서 천국으로 올리면 큰 항아리 같기도 하고 속 안이 깊은 큰 대접 같기도

한 기도 향로가 있어서, 여기에 각자의 이름이 새겨지는 것이 아닌가. 천사들은 각자가 담아온 기도 내용을 향로에 붓게 된다. 이때 물이 쏟아져 나오듯이, 각자의 이름이 적힌 황금 향로에 안개같이 부어진다.

항아리와 비슷하게 생긴 천국의 금향로에는 각자의 이름도 새겨져 있지만 크기가 다 달랐다. 그런데 그렇게 이름이 새겨진 금향로가 천국에 얼마나 많은지 끝이 보이지 않았다. 바로 수많은 천사들이 이곳을 관리하는데, 이 천사들은 상대적으로 신분이 높았다.

무엇보다 천국의 금향로 안에는 사람에 따라 그 채워져 있는 양이 달라 보였다. 어떤 것에는 많은 양이 채워져 있었고, 또 어떤 것에는 겨우 밑바닥에 머물러 있는 것도 있었다. 또 다른 금향로 안에는 물이 가득 담겨져 물안개처럼 수증기 같은 것이 피어오르는 것도 있었다. 그렇게 수증기 같은 것이 순결한 향이 되어 춤을 추듯 보좌로 빨려 올라가는 장면을 볼 수 있었다.

이 모습을 보는데 주님께서 내 마음에 이런 감동을 주셨다.

'우리가 이 땅에서 기도할 때 믿음으로 기도해야 한다는 것이다. 또 하늘나라에 내 이름이 기록된 금향로에 기도의 양을 가득가득 채워야 하겠다는 것이다. 살면서 우리가 기도를 하지만 그 가운데는 하늘나라로 올라가지 않는 기도도 있다는 생각을 해야 한다.'

요한계시록 5:8
"… 그 어린양 앞에 엎드려 각각 거문고와 향이 가득한 금 대접을 가졌으니 이 향은 성도의 기도들이라."

요한계시록 8:3
"또 다른 천사가 와서 제단 곁에 서서 금 향로를 가지고 많은 향을 받았으니 이는 모든 성도의 기도와 합하여 보좌 앞 금 제단에 드리고자 함이라."

35

이 시대의 상황을 보았다

내가 천국을 네 번째 방문했을 때, 주님께서 마지막 끝 지점에서 이 시대의 상황을 보여주셨다. 깊은 기도 중에 주님이 나를 인도하시는데 '야! 지구가 보이네!' 하고 환호를 하는 순간, 전혀 생각지도 않은 아주 희한한 장면이 나타났다.

그것은 수많은 까마귀 떼 같은 어둠의 악한 영들이 전

쟁터에 나가는 군사들같이 무언가를 들고 지구를 향해 달려가고 있었다. 등치가 서로 다른 수없이 많은 흰옷 입은 천사들도 무언가를 들고서 지구를 향해 달려가고 있었다.

어둠의 영들이 지구를 향해 달려가면서 하는 소리가 들렸다.

"지원 병력이 더 필요해! 지원 병력이 더 필요해!"

그러는 가운데 악한 영들과 천사들이 서로 부딪히고, 영적 전쟁을 하며 지구를 향해 달려가는 모습이 보였다. 이 장면은 순간적이었는데 나는 속으로 무섭고 두려웠다.

잠시 후 나는 어떤 큰 도시 위에 마치 내가 애드벌룬처럼 높이 떠 있는 듯한 느낌을 받았다. 어떤 도시인지는 알 수 없으나 밤이었다.

한 교회가 카메라 줌을 통해 들어오듯 보게 되었는데, 그곳이 큰 광채를 발하며 마치 야곱의 사닥다리처럼 하늘에 닿아 불기둥으로 뻗쳐 있는 모습이었다. 그 위 아래로는 많은 천사들이 빠르게 왕래하고 있었다. 그 광경이 너무나 신기하고 신비로웠다.

창세기 28:12
"꿈에 본즉 사닥다리가 땅 위에 서 있는데 그 꼭대기가 하늘에 닿았고 또 본즉 하나님의 사자들이 그 위에서 오르락 내리락 하고."

나는 깊은 기도에서 깨어나 육신의 생각으로 돌아왔지만 눈을 뜰 수가 없었고 몸도 움직일 수가 없었다. 한참을 묵상으로 기도하고 있는데, 기도원 예배당 안에 성령의 불로 인해 하나님의 영광의 임재를 느꼈다.

이제 예수님의 보혈로 죄 용서함을 받고 구원받은 성도들은 천국의 집을 믿음으로 크게 지어가야 한다.

요한계시록 22:20-21

"이것들을 증언하신 이가 이르시되 내가 진실로 속히 오리라 하시거늘 아멘 주 예수여 오시옵소서 주 예수의 은혜가 모든 자들에게 있을지어다 아멘."

36

하늘에서 불이 임했다

성좌산 기도원은 전형적인 시골 마을의 한쪽 자그마한 동산에 자리잡고 있다. 원장 故 최양자 권사님은 74세의 할머니로 장산도 섬마을 출신으로, 초등 학문도 마치지 못한 분이다. 그러나 예수님의 제자 무식한 어부 출신 베드로같이 하나님의 은혜로 성경을 읽고 많은 세월 동안 신앙 훈련을 통해 하나님의 능력을 받아 기도원을 이끌어 가고 있었다.

외모는 뚱뚱한 시골 할머니 같다. 하지만 놀라운 것은 국내와 해외에서 많은 성도들 그리고 지도자들이 상담을 하고 영육 간에 치료와 회복을 받으면서 원장님과 관계를 맺고 있었다. 나는 그들이 기도원을 그렇게 왕래하는 것을 보면서 목회자의 한 사람으로 신선한 충격을 받았다.

내가 처음 기도원을 찾을 때는 여러 가지 문제로 내 몸과 마음이 많이 병들어 있었다. 또한 작정 기도 기간 중 3일 정도는 나의 생각을 내려놓지 못해 조금은 힘들었던 시간도 있었다. 그러나 기도원에서 시간을 보낼수록 하나님의 임재를 체험하며 기도원 생활이 즐겁고 은혜의 감동이 점차 깊어졌다.

하나님께서는 새벽과 저녁 예배를 통해 은혜를 주셨는데, 예배 후에 원장님을 통해 치료를 받으며 회복시키시는 복을 주신 것에 감사했다. 그러면서 낮에는 테이프를 듣고 또 개인 기도 시간에는 성령의 충만함을 받았다.

기도원 숙소는 내 집 안방처럼 따뜻해서 편히 사용할 수 있었고, 식사도 풍성하고, 배식도 자유로웠고, 숙박비나 식대를 따로 지불하는 것도 없었다. 물도 얼마나 좋은지 세수를 하면 얼굴에 윤기가 날 정도여서 서울에서 이 물을 받아 가는 사람들도 있었다.

마냥 시골 할머니 같은 원장님은 아들 같은 나에게 목회자라고 먼저 예의를 갖추어 깍듯이 인사를 했으며, 어머니같이 따뜻한 정을 느낄 수 있었다. 3주간의 성좌산 기도원 생활이 고향집 어머니 품에서 지내는 것같이 편안하고 즐거웠다. 그러면서도 시골 할머니 같은 원장님이지만 가까이 대하면 대할수록 영적인 권위와 위엄이 느껴졌고, 다가가면 갈수록 내 행동이 더 조심스러워질 수밖에 없었다.

그런 가운데 2011년 12월 4일부터 깊은 기도를 통해 천국과 지옥을 보게 되었고, 기도의 깊이와 횟수가 더할수록 사후 세계를 더 많이 이해하고 확신을 갖게 되었다.

이런 영적인 세계를 경험하던 중 12월 6일부터 7일까지 성령님의 감동에 사로잡혀 48시간 동안 한숨도 자지 못한 채 내 안에 계신 성령님의 인도로 기도를 하게 되었다. 12월 7일 새벽 예배 후 천국을 보고, 아침에 기도원 봉사자들이 겨울 김장을 준비한다기에 나도 잠시 도왔다. 몸은 김장배추를 절이는 일을 돕고 있었지만 내 입에서는 계속 방언으로 기도가 이어졌다.

그러다 오전 10시 30분쯤 기도하기 위해 성전에 들어서니 장로님 한 분이 성전 뒤쪽에 앉아 계셨고, 나는 강대상 앞쪽으로 기도의 자리를 잡았다.

기도를 시작한 지 얼마 지나지 않아 영적인 세계가 또 경험되어졌다. 위에서부터 큰 불기둥이 내려오더니 성전 전체를 가득히 채우는 것이었다. 나는 순간 너무나 놀라 기도 중에 큰소리로 몇 차례 외쳤다.

"불이야! 불이야! 불이 났어요!"

기도가 끝나고 나중에 나는 이런 얘기를 전해 들었다.

성전 바깥에서 김장을 준비하던 여러 봉사자들이 내가 기도 중에 "불이야!"라고 외치는 소리를 듣고는 "서울 목사님이 불 받았다"고 서로 이야기를 했다는 것이다.

그 큰 불 기둥이 위에서부터 내려오더니 기도원 성전이 불로 가득 채워졌고, 이 불이 바람을 타고 세상으로 번져 가는데 불이 논밭을 지나가니 온갖 식물이 정화되고 살아나며, 어느 농촌 마을을 지나가니 그곳에서 한 가정이 춤을 추며 "이제 우리는 살았다" 하면서 즐거워하고, 또 어느 도시를 지나니 사람들이 지게를 지고 리어커를 끌고 경운기를 몰고 "일하러 가세! 일하러 가! 주님의 일을 하러 가세!" 하면서 모여드는 것이 아닌가. 그러면서 악한 영들이 떠나가는 것을 볼 수 있었다.

나는 성령님께 물어보았다.

"왜 도시 사람들이 지게를 지고 리어카를 끌고 경운기를 몰고 나오는 거죠?"

성령님께서 이렇게 말씀하셨다.

"사랑하는 종아! 이곳은 시골이잖니! 농부는 복음을 전하는 일꾼으로 비유해서 보여주시는 것이다."

나는 기도원에서 개인 기도 중에 신비한 경험을 여러 번 체험하기도 했다.

제2부
영벌의 참혹한 지옥

01

지옥은 유황 불꽃이 꺼지지 않는 형벌을 받는 무서운 곳이다

성격의 마지막 책인 요한계시록 21장 8절에는 이렇게 말한다.

"그러나 두려워하는 자들과 믿지 아니하는 자들과 흉악한 자들과 살인자들과 음행하는 자들과 점술가들과 우상 숭배자들과 거짓말하는 모든 자들은 불과 유황으로 타는 못에 던져지리니 이것이 둘째 사망이라."

지옥은 무섭고 칠흑같이 어두운 암흑으로 뒤덮인 큰 나라요 세계다. 그러면서 뜨거운 유황불이 속에서부터 끊임없이 솟아나는데 지옥이 워낙 어둡고 캄캄하기 때문에 어떤 불빛이라도 그 어둠에 빨려 들어가 유황 불빛이 밝게 보이지 않는 곳이다.

그 지옥에서 수많은 사람들의 형벌을 받는 고통 소리가 사방에서 들린다. 그 고통이 얼마나 강력하고 힘든지 사람의 이름을 부르며 저주하고, 왜 자신이 지옥에서 이런 고통을 당해야 하느냐면서 항변하기도 한다.

"나에게 다시 한 번만 기회를 주세요! 이 고통을 없게 해주세요. 잘못했어요!"

모두가 눈물 콧물에 고래고래 소리를 지르며 목청이 터져라 울부짖으면서 도움을 청하고 있는 곳이다. 하지만 구원의 손길이라고는 전혀 찾아볼 수가 없다. 철저하게 외면당하고 버림받은 자들의 고통 소리만 천둥번개같이 쉬지 않고 계속 울리는 가장 처참한 영벌의 장소다.

그뿐만이 아니다. 지옥은 사람들이 이 땅에 살면서 자신이 지은 죄의 형위대로 그 대가를 심판받는 참혹한 곳이다. 예수를 안 믿는 불신자는 말할 것도 없고, 예수 믿고 교회를 다녀도 잘못 믿고 행하는 자도 심판을 받는 그런 곳이다. 형벌을 받는 사람들의 몸에서 흘러내리는 피가 온 바닥을 뒤덮어 피범벅을 만들고 그 피가 흥건하게 고여 끊임없이 흘러내려간다. 또 피의 일부는 유황불에 타 그 냄새가 악취를 풍기는데 이 악취가 지옥에서 심판받는 사람들을 더욱 고통스럽게 만든다.

지옥은 사람의 모습과 비슷하게 생긴 악한 영들도 있지만, 우리가 흔히 컴퓨터 게임에서나 볼 수 있는 온갖 흉측한 괴물들과 비슷하게 생긴 마귀가 많았다. 이들은 한결같이 군대처럼 조직적이고 또 누군가의 지시를 받아 움직이고 있었다.

마귀는 눈에 불을 켜고 치가 떨리는 듯한 괴상한 소리를 지르며 사람들을 저주하고 위협한다. 그때마다 사람들은 두렵고 겁에 질려버린다. 사람들은 자기가 받는 형벌도 고통스럽지만, 마귀가 위협하는 그 두려움 때문에 사시나무 떨 듯이 벌벌 떨며 극도의 불안과 괴로움의 눈물을 흘리고 있었다.

지옥에는 중국 땅처럼 형벌을 받는 너무나 엄청나게 큰 장소가 수없이 많이 있었다. 죄를 지은 종류에 따라 형벌 받는 장소가 다르고, 같은 죄라도 죄의 무게와 죄의 질과 죄의 횟수에 따라 형벌이 달랐다. 지옥은 사람이 세상에 사는 동안에 몸으로 행한 대로 형벌을 받는 끔찍한 영벌의 장소다.

고린도후서 5:10
"이는 우리가 다 반드시 그리스도의 심판대 앞에 나타나게 되어 각각 선악간에 그 몸으로 행한 것을 따라 받으려 함이라."

에스겔 7:27

"왕은 애통하고 고관은 놀람을 옷 입듯 하며 주민의 손은 떨리리라 내가 그 행위대로 그들에게 갚고 그 죄악대로 그들을 심판하리니 내가 여호와인 줄을 그들이 알리라."

베드로전서 1:17

"외모로 보시지 않고 각 사람의 행위대로 심판하시는 이를 너희가 아버지라 부른즉 너희가 나그네로 있을 때를 두려움으로 지내라."

내가 주님께 붙들린바 되어 지옥을 네 번 보았는데, 주님께서 세 번이나 내 마음에 큰 깨달음을 주셨다.

'사랑하는 종아! 사람이 세상에 태어나 100년 동안 단 1초도 자지 않고 지옥을 보아도 다 볼 수 없을 정도로 지옥은 아주 크고 넓고 무서운 저주의 장소란다. 그리고 이 지옥도 내가 다스리고 있단다.'

02

예수 없는 교회 직분자들도 지옥에 있다

마가복음 9:43-49

"만일 네 손이 너를 범죄하게 하거든 찍어버리라 장애인으로 영생에 들어가는 것이 두 손을 가지고 지옥 곧 꺼지지 않는 불에 들어가는 것보다 나으니라 만일 네 발이 너를 범죄하게 하거든 찍어버리라 다리 저는 자로 영생에 들어가는 것이 두 발을 가지고 지옥에 던져지는 것보다 나으니라 만일 네 눈이 너를 범죄하게 하거든 빼버리라 한 눈으로 하나님의 나라에 들어가는 것이 두 눈을 가지고 지옥에 던져지는 것보다 나으니라 거기에서는 구더기도 죽지 않고 불도 꺼지지 아니하느니라 사람마다 불로써 소금 치듯 함을 받으리라."

이곳은 지옥을 첫 번째로 보게 됐을 때 보여주신 장면들이었다. 내 안의 주님께서 이들이 이곳에서 고통 중에 심판받는 것을 안타까워하시며 많이 우셨다. 나도 깊은 기도 중이었기 때문에 내 눈에서 눈물이 흘렀고 기도원 원장님도 내 눈물을 닦아 주시면서 같이 우셨다고 한다.

이곳에선 용이나 사자 같이 생긴 악령들이 눈에 불을 켜고 소리를 지르며 심판받는 사람들을 저주하고 위협을 가하고 있었다.

소각장에서 쓰레기가 거의 다 타고 가물가물한 불 속에서 마지막을 태우듯이 그런 불이 사람을 고통스럽게 하고 있었다. 그런데 사람들은 그 불에 타서 화장되어 없어지는 것이 아니라 몸은 그대로 있고 고통만 심하게 받고 있었다.

'주님께서 혹 내가 아는 얼굴을 보여주시지나 않을까!'
나는 속으로 그런 걱정을 했더니 주님께서 내 마음을 바로 아시고 말씀하셨다.

"사랑하는 종아, 걱정할 것 없다. 네가 목사로서 강단에서 말씀을 전할 때 혹 말에 실수를 할 수 있으니 얼굴은 볼 수가 없구나."

나는 그 가운데서 한 남자를 유심히 보았다. 이 사람은 체구가 꽤 큰 사람이었다. 그는 마치 다니엘의 세 친구 하나냐, 미사엘, 아사랴가 맹렬히 타는 풀무 불 속에 던져져 놓인 것처럼 고통을 당하고 있었다. 그는 시커멓게 타오르는 불 속에서 너무 괴로워하며 고통의 울부짖음의 소리가 지옥에 가득 울려퍼졌다.

"잘못했어요! 제발 나를 이 뜨거운 불 속에서 건져 주세요! 다시 한 번만 기회를 주세요. 이젠 절대 안 그럴게요."

고래고래 소리 소리를 지르고 부르짖었지만 아무도 이 사람의 소리에 귀를 기울이고 구해줄 사람은 없었다.

주님께서는 내가 목사인 것을 잘 아시기에 특별히 이 사람에 대해 설명해주셨다.

"이 사람은 목회자였다. 모태 신앙인으로 부모의 믿음으로 목회자가 되었는데, 공부를 많이 했고 초창기에는 목회를 잘 했었지. 하지만 하지만…."

주님께서는 너무 가슴이 아프신지 말씀을 이어가지 못하셨다.

"나중에는 예수 없이도 목회를 하면서 오직 자신의 성공과 출세를 위해 세상에 이름을 알리는 일에만 시간을 낭비한 사람이었지."

나는 그 말을 들을 때 어디 구멍이라도 있으면 숨고 싶은 마음이 굴뚝같이 들면서 창피하여 얼굴을 들 수가 없었다. 목사도 지옥에 갈 수 있다는 말을 듣긴 들었지만 주님의 말씀을 듣고 또 직접 보니 목사의 사명과 책임감이 더욱 막중함을 크게 느꼈다.

이 목사의 불타는 모습을 보여주고는 주님께서는 다시 한 장면을 마치 영화처럼 보여주셨다. 그것은 갑자기 골고다 언덕 십자가 위에서 피 흘리며 고통당하시며 죽어가시는 예수님의 모습이었다. 그 모습을 보여주시면서 나에게 이렇게 물으셨다.

"사랑하는 종아! 내가 누구를 위해 저 십자가 위에서 죽었는지 아느냐?"

나는 주님의 말씀을 듣는 순간 얼마나 가슴이 찢어지고 많이 울었는지 모른다. 이 땅에 5만 교회, 10만 목회자가 있다는데 이들이 주님의 십자가의 죽음을 헛되지 않게 선한 목자가 되어 오직 주님만을 위해 목양에 힘을 쏟아야 함을 다시금 깨닫게 했다.

"사랑하는 종아! 그 많은 목회자들이 세상에 바벨탑을 쌓는 일에 열심을 내는 것이 너무나 안타깝구나. 너는 이 실상을 잘 보고 네가 본 그대로 정확하게 전해야 한다."

주님께서는 이 사람은 나와 상관이 없다고 하셨으며, 오늘날 목회자들 가운데 자신의 욕심 때문에 많은 물질로 성도들에게 상처를 주는 현실을 너무나 안타까워하셨다.

주님께서는 조금 더 다른 장소에서 또 다른 한 남자를 보여주셨다. 이 사람은 키가 매우 컸다. 그런데 가만히 보니 그는 칸칸이 막힌 방들 틈바구니 구멍 밖으로 기어나오기 위해서 바닥을 긁고 있었다. 그 화염불 속에서 처절한 회개의 울부짖음을 드러내며 호소했다.

"잘못했어요! 이곳에 나가게 해주세요! 제발 이곳에서

벗어나게 해주세요! 너무 형벌이 뜨거워서 견딜 수 없어요. 용서해주세요."

그렇게 잘못과 용서를 빌면서도 1분도 못 되어 또 고래고래 소리를 쳤다.

"내가 아무리 죄를 지었다 해도 무슨 죄를 그리 크게 지었습니까?"

그런데 그가 소리를 지를 때마다 지나온 자신의 행적이 기록된 책이 정확하게 펼쳐졌다. 그 책에는 년, 월, 일, 시, 분, 초까지 다 기록되어 있었다.

"네, 맞습니다. 잘못했어요! 용서해 주세요! 다시는 안 그러겠습니다. 한 번만 기회를 더 주세요!"

주님께서는 이 사람이 누군지에 대해서도 말씀해주셨다.

"이 사람은 큰 교회 장로였다. 이 장로는 교회에서 재정을 담당했는데, 자신의 재산을 사용하는 일에는 아주 인색하면서도 교회 재정으로 생색은 다 내었다. 심지어 교회 돈을 자신의 사업에 몰래 빼내어 사용하기도 했다. 그리고 담임목사에게도 월권행위를 수없이 하면서 자신의 힘을 과시하려고 했고, 교인들 앞에서는 항상 천사처럼 보였지. 교인들은 모르지만 나는 다 안다. 그래서 내가 이 장로에게 회개의 기회를 여러 번 주었다. 하지만 교회에서 높아질 대로 높아진 그 교만 때문에 버림받고 지옥에서 형벌을 받을 수밖에 없구나."

나는 주님의 그 애타는 마음이 느껴졌다.

주님께서는 그곳을 돌아 나와 다른 곳을 보여주셨다. 거기에는 권사 직분을 가졌던 사람이 있다고 소개해주셨다. 이 여자도 동일하게 불구덩이 속에서 필사적으로 빠져나오기 위해 안간힘을 쓰고 있었다.

"잘못했어요! 뜨거워. 뜨거워. 내가 잘못했어요! 다시 한 번만 기회를 주세요!"

자신의 지나온 세상에서의 삶을 후회하며 눈물을 흘렸다. 하지만 지옥에는 진정한 회개가 없는 곳이다. 아니 회개할 기회가 다시 주어지지 않는 곳이다. 오직 세상에서 자신이 행한 일에 대한 형벌만 있는 곳이다.

"이 사람은 교회 권사의 직분을 가졌던 사람이니라. 이 여자는 교회에서 십일조는 물론 봉사도 많이 했지. 하지만 믿음으로 한 것이 아니라 언제나 목사나 교인들에게 자신을 과시하며 자신의 이름을 드러내는 일에 애썼던 종교인이었다. 바리새인처럼 말이다. 그러면서 교회 밖에서의 삶은 불신자보다 더 덕이 안 되는 생활을 한 사람이었지. 내가 이 여자에게도 수없이 그 마음의 문을 두들겨 돌이키게 했었다. 그러나 그때마다 자기 의를 내세우며 거절하고 회개할 기회를 놓쳤기 때문에 지금 이렇게 형벌을 받고 있다."

주님께서는 내가 목사인지라 여러 곳에 있는 여러 사람들을 보여주고자 하셨다. 그만큼 지옥의 실상을 보고 교회 안의 직분자들이 더욱 책임감을 가지고 목회하라는 의미로 받아들여졌다.

나는 어두컴컴하고 음침한 곳을 지나 또 다른 한 곳에 도착했다. 그곳에는 어떤 한 여자가 고통을 당하고 있었다. 이 여자도 불 속에서 벗어나려고 손을 뻗어 무언가를 움켜잡으려고 발버둥치고 있었다.

"뜨거워! 뜨거워! 이 불 속에서 건져주세요. 정말 견딜 수 없어요. 내가 잘못했어요! 용서해 주세요! 이제는 입술로 불평하지 않고 순종 잘하겠습니다"라고 소리쳤다.

그러면서도 억울하다는 듯이 항변했다.
"내가 교회 일을 얼마나 많이 했는데. 왜! 내가 이 뜨거운 지옥에서 이런 형벌을 당해야 합니까?"

이 사람은 소리를 지르며 이를 갈며 슬피 울고 있었다.

주님께서는 안타까운 표정으로 말씀하셨다.

"이 여자는 여전도회 회장까지 한 사람이란다. 여전도회 회장을 열심히 한 것은 나도 인정한다. 왜? 다른 사람들이 이 핑계 저 핑계 대면서 일을 안 하고 봉사를 안 하니까. 그런데 일을 하면서도 늘 입술로 불평과 불만을 말했었지. 교회 일은 자신이 혼자 다 한다느니, 다른 사람들이 도와주지 않는다느니, 힘들어 죽겠다느니 하면서 입술로 욕하고 죄를 지었다. 그러면서도 자기 생각에는 자기가 제일 기도를 많이 하고, '내가 다른 사람들보다 믿음이 더 좋은데…' 하면서 교만에 빠져 목사나 다른 사람들의 말을 듣지 않다가 어둠의 영에 사로잡혀 완전히 사탄의 종이 되어 버렸다."

주님께서는 이 사실을 말씀하셨다. 주님은 공평하신 하나님이시기에 언제나 심판과 형벌을 내리시기 전에 회개의 기회를 주신다는 것이다.

"내가 이 사람에게도 종들과 전도자들을 통해 회개하고 뉘우칠 기회를 여러 차례 주었다. 하지만 그것을 무시하고 회개의 기회를 놓치고 말았어. 그래서 지옥까지 와서 그 대가를 치르는 것이다."

마태복음 7:21
"나더러 주여 주여 하는 자마다 다 천국에 들어갈 것이 아니요 다만 하늘에 계신 내 아버지의 뜻대로 행하는 자라야 들어가리라."

지옥에서 본 사람들은 한결같이 세상에서 믿음이 있는 것처럼 행동했던 사람들이었다. 하지만 사실은 예수님 없이 바리새인 같이 신앙생활을 한 종교인이었으며, 자기만족을 위해 교회를 다니고 직분을 가진 사람들이었다.

나는 예수님께서 보여주신 여러 곳을 보면서 마음에 무

거운 책임감을 느꼈다. 그것은 오늘날 교회가 교인들에게 죄의 무서움을 바르게 가르치지 않고, 천국과 지옥의 실상을 정확히 전하지 않는 것이 너무나 안타깝다는 사실이었다.

03

자살해서 지옥 형벌을 받는 사람들도 보았다

마태복음 16:26

"사람이 만일 온 천하를 얻고도 제 목숨을 잃으면 무엇이 유익하리요 사람이 무엇을 주고 제 목숨과 바꾸겠느냐."

    지옥은 유황불이 활활 타오르는 뜨거운 불못이 있는 곳이다.
    이곳에서는 자살한 자들이 심판을 받는 곳이기도 하

다. 이곳을 조용히 집중해서 살펴보니 온갖 크고 작은 용 같기도 하고 도깨비같이 생긴 악한 귀신들이 누군가의 지시를 받고 눈에 불을 켜고 소리를 지르며 사람들을 저주하며 위협하고 있었다. 이 위협 앞에 사람들은 무서워서 울부짖고 고통의 소리를 지르고 있었다.

주님께서는 자살한 사람들이 심판받는 이곳에서 여러 장면을 보여주셨다.

맨 먼저, 한 소녀를 볼 수 있었다. 지옥은 온 천지 사방이 암흑의 나라이기 때문에 주님이 보여주시는 장면 외에는 볼 수 없었다. 사람의 얼굴도 누구인지 정확하게 볼 수 없었다. 바닥에는 피가 흥건하게 고여 있었는데, 이 소녀의 손에는 큰 가위가 들려져 있고 그 가위로 자신의 손가락과 발가락을 번갈아가면서 조금씩 조금씩 자르고 있었다. 그때마다 손가락과 발가락에서는 피가 뚝뚝 흘러내리는데 아프다고 소리를 질러도 아무도 들어주는 사람이 없었다.

비명을 지르는 입에서는 알지 못하는 여러 종류의 수많은 벌레들이 계속 기어나오다가 다시 소녀의 아래 몸속으로 들어가고 있었다. 그 벌레들이 소녀의 몸에서 기어나올 때마다 몸속에 있는 오장육부를 파먹으니 입에서도 피가 나오고 아래 몸에서도 끊임없이 피가 흐르고 있었다.

이 소녀의 목에는 큰 뱀이 목을 감싼 채 여자아이의 입속으로 들어가려고 혀를 내밀고 머리를 쳐들자 소녀가 너무 무섭고 징그러워서 두 눈의 눈알이 밖으로 튀어나왔다가 다시 들어가고 밖으로 튀어나왔다가 다시 들어가기를 반복하고 있었다. 그 형벌이 너무나 고통스러워 울부짖는 소리가 우렛소리와 같았다.

"아이고, 아파! 아파요! 무서워요! 제발 살려줘요! 여기서 나를 나가게 해주세요!"

소녀는 목이 터져라 비명을 지르면서 누군가의 이름을 부르며 원망하였다. 부모 이름 같기도 하고, 선생님 이름 같기도 한 이름을 원한이 서린 듯이 외쳐댔다.

소녀는 그런 고통 속에서도 항변을 하였다.

"왜 내가 이런 벌을 받아야 합니까? 왜? 왜? 왜요? 나도 피해자인데…."

그러자 정확하게 그의 지나온 삶의 행위책이 펼쳐졌다.

더 이상 자신을 숨길 수가 없으니 여자 아이는 "잘못했어요! 다시 한 번만 기회를 주세요!" 하고 소리치며 울부짖었다.

이 안타까운 모습을 보여주시면서 내 안에 계신 주님께서 가만히 이렇게 언급하셨다.

"이 소녀 부모는 오로지 공부와 성적만 강조했지, 인성 교육이나 신앙 교육에는 관심이 전혀 없었다. 그뿐만 아니라 그런 것을 가르치지도 않았기 때문에 결국 자기 혼자 고민하다가 벗어나지 못하고 악한 영의 지배를 받아 자살해 지옥에 왔다."

이어 바로 건너편 쪽에 배추 농사를 했던 한 남자를 보여주셨다. 이 사람도 역시 어둠 속에서 보여주신 일이라 얼굴을 잘 볼 수가 없었다. 이 사람은 피가 물처럼 흥건히 고여 흐르는 곳에 서 있었는데 남자인 것이 분명했다.

이 남자의 입은 나팔같이 생겼었다. 그 앞에 주전자 같은 모양의 큰 항아리가 공중에 떠 있었고, 그 항아리에서 끊임없이 독한 액체가 그의 입으로 쏟아졌다. 마치 주전자에서 컵에 물을 붓듯 쏟아졌다. 이 액체는 불을 동반한 독이요, 냄새가 고약하기 이를 데 없었다. 이 액체로 인해 마치 종이가 불에 타들어가듯 천천히 열을 동반한 불 독이 이 사람의 오장육부는 물론 혈관과 뼈까지 녹이며 태우고 있었다. 그의 온몸은 숯덩이처럼 조금씩 새까맣게 변해갔다.

이 심판의 형벌이 얼마나 무섭고 고통스러운지 이 사람의 얼굴이 이상한 괴물 형체로 변하는 것이 아닌가. 내 속이 매스껍고 이글거려 참을 수가 없었다.

이때 이 사람이 바락바락 소리를 쳤다.

"왜 나를 지옥에 보냈어요? 왜 지옥에서 이 고통을 당해야 합니까? 나는 농부로서 착하게 살았고 남에게 큰 피해를 준 적도 없는데 왜 지옥에서 이 고통을 당하는지 모르겠어요."

순식간에 그의 앞에 큰 책이 펼쳐지더니 은행의 돈 계수기보다 더 빠르게 지나온 그의 행위의 죄악이 펼쳐졌다.

이 사람 역시 그 행위책을 보자 큰소리로 말했다.

"잘못했어요! 내가 잘못했어요! 그때는 내가 어리석었어요. 제발 다시 한번 기회를 주면 잘하겠습니다!"

그렇게 목놓아 크게 울부짖었지만 도와주는 사람은 찾아볼 수 없었다.

지옥은 한 번 들어가면 어느 누구도 빠져나올 수 없는 영벌의 장소이기 때문이다.

주님께서 내 옆으로 다가오시더니 이 사람의 죄에 대해 설명해주셨다.

"이 사람은 배추 농장을 좀 크게 하다가 많은 빚을 떠안게 된 사람이다. 농사를 짓다가 일이 망하게 되는 수도 있을 수 있지. 그런데 이 사람은 자신의 목숨을 귀하게 생각을 안 하고 자기 혼자 고민고민하다가 아내의 헌신과 충고도 무시하고 농약을 마시고 스스로 자기 목숨을 끊어버렸다. 그것이 큰 죄인 것이다. 너는 목사로서 자살의 결과가 얼마나 큰 죄라는 사실을 꼭 전해야 한다. 그런데 이 사람의 부인은 2년 전에 천국에 들어가서 지금 영생의 복을 누리고 있단다."

자살한 사람들이 심판받는 지옥의 장소는 그 끝이 보이지 않을 만큼 엄청 크다는 생각이 들었다. 악한 영들이 군대 조직처럼 누군가의 명령에 따라 활동하는데, 여러 괴물같이 생긴 크고 작은 악한 영들이 눈에 불을 켜고 괴성을 지르며 지옥의 사람들을 저주하며 위협하고 있었다.

04

연예인도
보았다

　자살한 사람들이 심판받는 지옥의 이곳은 아주 넓고 광활한데, 거기에서 주님은 연예인들도 보여주셨다. 주님의 인도하심 가운데 이들의 얼굴을 보게 되었지만, 나는 너무나 놀라 한참을 머뭇거리고 있었다.

　나는 오랜 친구 같은 주님께 기도로 여쭸다.

"주님! 내가 오늘까지 지옥을 세 번 보게 되었습니다. 그때마다 내 마음속에 '꿈 속에서라도 보고 싶었던 얼굴이 있어, 비록 지옥에서지만 한 번만 얼굴을 볼 수 있다면' 하는 간절함이 있었습니다. 그런데 항상 먼저 주님께서 내 마음을 아시고 '사랑하는 종아, 사람들에게 천국과 지옥을 전해야 하는데, 네가 혹 말에 실수를 할 수 있으니 안 된다'는 깨달음을 주셨는데, 이 장면에서는 왜 얼굴을 보여주시는지요?"

그때 주님께서 사랑스럽게 말씀해주셨다.

"응, 그것은 이들이 자살해서 많은 청소년들과 사람들이 그들의 영향을 받아 자살하게 되었잖니? 그래서 그것이 사회에 미치는 영향이 클 뿐 아니라, 앞으로 자살의 악한 영이 이들로 인해 더 크게 이 땅에서 활동하기 때문이다. 무엇보다 지옥에는 연예인들이 많이 와 있어서 슬프구나."

이 말씀을 하시고 예수님께서는 눈짓으로 저쪽을 가리키셨다. 거기에 유명했던 한 여자 연예인이 있었다. 바닥에 주저앉아 있었는데 자세히 보니 상당히 낯익은 얼굴이었다.

이 여자의 얼굴은 사람 모양을 했다가 뱀이나 용같이 바뀌고, 그러다가 여우 같은 형태로 바뀌더니 다시 사람의 얼굴로 돌아오곤 했다. 입술에서는 돈벌레처럼 생긴 여러 종류의 벌레들이 나와 그 입술을 뜯어 먹고 있었는데, 목에는 큰 구렁이가 칭칭 감고 고통을 주면서 괴롭히고 있었다.

또한 그녀의 가슴이 상당히 크게 보인 가운데 가슴에는 구더기와 벌레들이 달라붙어서 살을 뜯어 먹으면서 파헤치고 있었다.

멀리서 봤을 때는 이 사람이 돈으로 만든 방석에 앉아 있었는데, 자세히 보니 그것은 방석이 아니라 수많은 벌레였다. 전갈이나 구더기 같은 온갖 벌레들이 이 여자의 아래쪽에서 살을 뜯어 먹으면서 속살을 파헤치니까 피가 비처럼 흐르고 바닥이 곧 홍건해졌다.

자살자에 대한 심판이 이렇게 무섭고 고통스럽다는 것을 보여주었다.

"내가 세상에 살 때 얼마나 많은 돈을 벌었고 인기를 많이 얻었는데 무엇 때문에 여기에서 이런 엄청난 심한 형벌을 받아야 하는가!"

그녀는 고통 가운데 괴성을 지르고 있었다.

이 장면을 보여주시며 주님께서 내게 얘기하셨다.

"사탄의 지배를 받아 자살을 해서 심판받는 연예인들이 이곳에 와 있지. 연예인들이 돈 벌고 인기를 얻기 위해 하나님 무서운 줄을 모르고 있다. 몸으로, 돈으로 죄를 짓고

도 하나님의 영광을 너무 많이 가로챘고, 회개도 하지 않기 때문에 지옥에 와 있는 것이다."

주님께서는 연예인뿐만이 아니라고 하셨다. 요즘 너무나 많은 사람들이 하나님 무서운 줄 모르고 성공과 출세를 위해선 물불을 가리지 않고 죄를 짓고 양심의 가책도 안 느끼는 정도다. 지금 대한민국이 소돔과 고모라 못지않게 음란의 영에 사로잡혀 가정이 파괴되고, 청소년들이 탈선하고, 사회가 타락하고 있음을 회개해야 한다는 깨달음을 주셨다.

주님께서는 발걸음을 옮겨 한 남자 연예인을 또 보여주셨다. 이 사람은 텔레비전에서 많이 본 얼굴이었다. 하지만 내가 워낙 연예인 이름을 잘 알지 못했던 터라 주춤거리고 있었다.

주님께서는 "저 사람은 연탄가스 마시고 자살한 연예인으로 세상 사람들이 다 알 것이다"라고 알려 주셨다.

이때 내 입을 통해 듣고 있던 20여 명의 성도들이 서로 얼굴을 쳐다보면서 "아무개 연예인인데"라고 하면서 내가 나중에 깊은 기도에서 깨어났을 때 그 이름을 말해주기도 했다.

이 남자의 형벌은 서 있는 자세를 하고 있었다. 머리에 뿔난 도깨비처럼 여러 개의 큰 뿔이 자라고 있었는데 자세히 보니 마치 대나무 죽순이 자라듯, 바닥에서부터 시작해서 발바닥을 뚫고 허벅지를 지나 사람의 가슴을 통과해서 머리까지 자라고 있었다. 세포와 뼈마디를 하나하나 통과해서 오장육부를 파괴하고 그 뿔이 머리까지 천천히 자라면서 고통을 주고 있었다. 코에서는 검은 독가스가 나오는데, 샘물이 솟아나듯 이것이 입, 코, 항문 쪽으로 나오면서 아주 고통스럽게 했다.

입술은 돈 같이 생긴 모양의 뭔가를 물고 있었다. 그것은 구더기들이 그의 입에서 시작해 얼굴, 머리까지 기어 다니면서 살을 뜯어 먹는 것이 아닌가.

온몸에는 피범벅이 되어 유황불에 피가 타는데 그 냄새가 너무 역겨워 속에서 토할 것 같았다. 형벌의 고통이 너무나 고통스럽고 괴로워서 악을 써봐도 소용이 없었다.

"이 고통을 멈추게 해주세요. 내가 정말 잘못했어요! 내가 속았어요! 한 번만 더 기회를 주세요!"

그는 소리를 지르며 고통과 괴로움의 눈물을 흘리고 있었다.

주님은 참으로 안타까운 표정으로 내게 말씀하셨다.

"이 사람이 자살하여 지옥에 와서 이렇게 고통당하는 것이 너무나 안타깝구나. 세상에서 살 때 이 사람은 가까운 사람들을 통해 복음을 듣고 여러 번 회개할 기회가 있었다. 그런데도 그때마다 '바쁘다, 바빠', '돈! 돈! 돈!' 하면서 돈의 노예가 되어 스스로 목숨을 끊게 되었다."

이 말씀을 들으면서 나는 귀한 깨달음을 얻을 수 있었다.

　인기 연예인들의 자살은 많은 사람들에게 자살하는 동기를 부여함으로써 결과적으로 사람들이 큰 죄를 짓게 되는 요인이 되는구나. 연예인들은 공인이기에 이것까지 간접적인 책임을 져야 한다는 것이었다.

05

욕심의 죄를 지어 형벌을 받는 사람들

야보고서 1:15

"욕심이 잉태한즉 죄를 낳고 죄가 장성한즉 사망을 낳느니라."

주님께서는 나를 어둠으로 뒤덮힌 곳으로 인도하셨다. 지옥의 곳곳에 눈에 불을 켜고 소리를 지르는 괴물같이 생긴 악한 영들이 얼마나 많은지 모른다. 지옥 어디에서

나 바닥은 피가 흥건히 고여 물처럼 흘렀다.

여기에서 형벌을 받는 사람들은 하나같이 "배고파! 배고파! 먹을 것! 먹을 것! 먹을 것을 주세요!" 하면서 울부짖었다. 정말 삐쩍 말라 앙상해 보였다. 얼굴은 잘 볼 수 없었으나 남녀 할 것 없이 수많은 사람들이 고통받고 있었다. 이들은 모두 킬링필드 수용소에 갇혀 있는 사람처럼 뼈만 앙상하게 남아서 콧바람만 불어도 금세 쓰러져 버릴 것 같은 모습이었다.

여기에 있는 사람들은 먹을 것을 찾기 위해서 그런지, 눈들이 몸의 상당한 부분을 차지할 만큼 크게 보였다.

"배고파! 배고파! 아이고, 배고파! 먹을 것! 먹을 것!" 하면서 이들 모두 먹을 것을 찾고 있었다. 그러나 그 어느 곳에서도 쌀 한 톨, 물 한 방울을 찾을 수 없었다.

여기서 한 사람을 보았다. 그는 얼마나 배가 고팠는지

그 고통을 참지 못하고 자신의 손가락, 발가락을 조금씩 뜯어 먹고 있었다. 그럴 때마다 그 손가락, 발가락 끝에서 피가 흘러내리는데, 삐쩍 마른 몸을 타고 피가 흘렀다. 입술이 피로 범벅이 된 상태에서 "아파! 아파! 배고파! 배고파!" 하며 고통 속에서도 연신 몸을 뜯어 먹고 있었다.

또 어떤 사람은 배고픔을 견디지 못하고 자신의 이마를 계속 바닥에 내리치고 있었다. 이마가 깨지고 피가 온몸에 흘러내리는데 그도 역시 "아파! 아파! 배고파! 배고파서 견딜 수가 없어요!" 하면서 그 행동을 계속 반복하고 있었다.

또 어떤 사람은 먹을 것이 없고 너무 배고파서 양손으로 자신의 입을 찢고 있는 처참한 모습도 보았다. 입이 찢어지고 피가 줄줄 흘러내리면서 고통을 당하는데 차마 눈을 뜨고 볼 수가 없을 정도였다.

그뿐만이 아니었다. 이곳에는 사랑이나 이해심은 0.1%

도 없는 곳이기 때문에 서로가 서로를 향해 악을 쓰며 저주하고 미워하였다. 마치 배고픈 사자가 먹이를 두고 싸움을 벌이듯 죽기 살기로 싸워 온몸이 찢어지고 피투성이가 된 채 짐승처럼 서로를 향해 으르렁거리고 있었다.

욕심의 죄를 지어 형벌을 받는 이곳에서 배가 불룩 나온 큰 괴물 모양의 마귀를 보았는데, 그 배가 아주 컸다. 이 마귀는 계속 자신의 부하들에게 명령을 내리고 있었다.

"빨리 가서 내 배고픔을 채워라! 내 욕심을 채워라! 내 욕망을 채워라!"

이 모습을 보시며 내 안에 계신 주님께서 한마디 하셨다.

"저 자들은 세상에서 욕심을 너무 많이 부리고 산 자들인데, 그 욕심 때문에 자신의 영혼마저도 팔아버린 자들이다. 마귀는 욕심의 아버지다. 그래서 이 세상의 모든 것을 먹고 가져도 계속 배고파 하고, 사람들의 욕심도 정말 끝이 없단다."

나는 이 욕심 때문에 너무나 많은 사람들이 지옥으로 가는 것을 안타깝게 생각하고 목사로서의 사명을 다해야겠다는 다짐을 다시 한번 마음 깊이 새겼다.

06

음란죄를 지어 형벌을 받는 남자들

고린도전서 6:18

"음행을 피하라 사람이 범하는 죄마다 몸 밖에 있거니와 음행하는 자는 자기 몸에 죄를 범하느니라."

음란죄를 지어 형벌 받는 이곳도 수많은 사람들이 소리를 지르며 괴로워하고 있었다. 이곳 역시 바닥은 피가 흥건히 고여 있고, 그 피가 유황불에 타면서 악취가 풍겨 사람들이 괴로워했다.

거기서 주님은 내게 한 남자를 보여주셨다. 이 남자는 앉아 있었는데, 체구가 꽤 좋아 보였다. 이 남자 입에는 개미같이 생긴 수많은 벌레들이 달라붙어서 입술을 파헤치며 들어갔다가 나오는데, 이 벌레들이 몸속으로 들어가서 여러 장기들을 파먹는 것 같았다. 그것은 이 남자의 입에서 감기에 걸린 것같이 기침을 하듯 계속 피를 토해내고 있었기 때문이다.

이 남자의 특징은 생식기가 상당히 크게 보였다. 그런데 이 생식기에 구더기들이 꿈틀거리면서 새까맣게 붙어 생식기의 살을 파먹기도 했다. 구더기들이 계속 생식기를 파먹고 뜯어 먹는 바람에 피고름이 흐르고 그 고통이 너무 심해 괴성을 질렀다. 그래서 음란죄를 범한 상대 여자 이름들을 부르며 저주하고 있었다.

"내가 이 아무개 때문에 이곳에 와서 이 고통을 받는다

…. 이 고통을 당한다…. 괴로워! 무서워! 아파!"라고 울부짖었다.

그러면서도 자신이 잘못한 것이 무엇이냐고 항변하는데 그때마다 자신이 세상에서 행한 행적이 기록된 책이 정확하게 펼쳐졌다.

주님께서는 또 한 남자가 형벌을 받는 장면을 보여주셨다. 이 남자는 보통 체구의 남자였는데, 역시나 서 있는 자세였다. 이 남자의 목에는 큰 구렁이가 그의 목을 칭칭 감고 있었다. 뱀의 눈에서 여러 가지 무서운 빛이 나오고 있었으며, 날카로운 이빨로 그의 입술을 파헤치며 뜯어 먹고 있었다.

그리고 그의 손에 큰 가위가 들려져 있었는데, 그 가위로 자신의 생식기를 조금씩 조금씩 잘라내고 있었다. 입술이 뱀의 날카로운 이빨에 찢겨지고, 생식기가 가위에 잘려 나가자 온몸은 피범벅이 되어 비명을 지르며 고통을 호소했다. 이 사람도 자신과 관계를 한 여자들의 이름을 부르며 후회하였다.

"으악! 너무 아파! 이 고통을 견딜 수가 없어!" 하며 괴로워했다.

여기를 돌아가니 조금 떨어진 곳에서 주님은 또 다른 한 남자를 보여주셨다. 음란죄를 지어 심판받는 사람이었다. 도깨비같이 생긴 악한 영이 이 사람의 엉덩이 쪽으로 긴 창을 가지고 마구 찌르면서 고통을 가하고 있었다. 이 사람은 항문으로 죄를 많이 지어서 행한 대로 심판을 받고 있었다.

그리고 어떤 남자는 큰 생식기를 구렁이가 칭칭 감은 채 생식기에 달라붙어 피를 빨아 먹고 살을 뜯어 먹는가 하면, 또 어떤 남자의 생식기는 마치 고무풍선처럼 부풀어 올라서는 터져버리는데 피고름이 사방에 퍼지는 것이었다.

이밖에도 음란죄를 지어 심판받는 이곳에서는 남자의 생식기를 인두로 지져버리거나, 얼음으로 얼려서 망치 같은 것으로 깨어버리거나 도끼 같은 것으로 찍어버리는 형벌을 당하고 있었다.

지옥은 죄의 종류에 따라 심판의 방법이 달랐다. 그리고 같은 죄라도 죄질의 무게와 횟수에 따라 형벌 또한 달랐다. 무엇보다 지옥 심판은 심한 형벌로 고통을 당하고 나면 죽어 없어지는 것이 아니라, 다시 정상으로 돌아와 형벌을 계속 반복해서 받는 영벌의 장소였다. 생각만 해도 너무 끔찍하다. 나는 사람들이 음란죄를 지으며 지옥에서 형벌 받을 때도 이 땅에서 죄를 지은 행위 그대로 벌을 되받는다는 사실을 다시금 깨닫게 되었다.

07

음란죄를 지어 형벌을 받는 여자들

잠언 6:26

"음녀로 말미암아 사람이 한 조각 떡만 남게 됨이며 음란한 여인은 귀한 생명을 사냥함이니라."

사람이 죄를 지어 지옥에서 고통당하는 것을 안타까워하시는 주님께서 나를 어떤 다른 곳으로 데려가셨다. 그러시더니 저쪽 으슥한 곳을 가리키셨다. 거기에 한 여자가 있었다. 바닥에 앉아 있었는데, 몸매는 그리 크지 않은 통통한 느낌을 주는 여자였다. 나는 이 여자의 생식기가 상당히 커서 놀랐다.

그런데 그 순간 나는 소름이 끼치고 쇼킹해서 그만 눈을 감고 말았다. 악령들이 이 여자의 생식기에 시뻘건 인두같이 생긴 것을 들이대고는 불로 태우고 있었기 때문이다. 입술도 뜨거운 인두로 지지고 있었다. 생식기와 입술이 불에 타니 살이 타면서 나는 인육 냄새와 연기가 독가스가 되어 이 여자를 괴롭히는데, 형벌을 받는 것을 보고 있는 나도 숨이 막히고 질식해서 죽을 것만 같았다.

보통 여자보다 유난히 큰 이 여자의 가슴에 수많은 기생충 같은 벌레들이 가슴의 살을 파고 들어가면서 뜯어 먹었다. 그럴 때마다 그 고통을 호소하는데 너무 불쌍해서 볼 수가 없을 정도였다. 지옥의 다른 곳에서와 마찬가지로, 여기서도 형벌을 받는 사람의 온몸은 피투성이로 범벅이 되어 흘러내리고, 바닥에는 피가 흥건하여 그 비릿한 냄새에 머리가 돌 것 같고 구토를 할 것만 같았다. 여자는 어떻게 할 줄 몰라 괴성을 지르고 울부짖었다.

"으악! 너무 뜨거워요! 무서워요! 제발 나를 빨리 꺼내 주세요!"

"내가 왜 이 지옥에서 이런 형벌을 당해야 되냐구요!" 하면서 자기와 세상에서 놀아난 많은 남자들의 이름을 부르며 저주를 퍼부었다.

"내가 속았어! 나한테 잘못이 있는 게 아니야! 억울해!" 하면서 목 놓아 슬피 울었다.

그런데 중요한 것은 지금 이 순간에도 지옥에 있는 사람들이 이 땅에서 행한대로 형벌을 받으면서 저주하며 욕하는 소리를 이 땅에서는 들을 수가 없다는 사실이다. 하지만 지옥의 실상을 이 지면을 통해서 다시금 확인하고 깨닫는 사람들은 세상의 악한 길에서 돌이킬 것이라고 확신한다.

나는 또 한 여자를 보았다. 이 여자는 보통 체격을 가진 사람으로 서 있었다. 입을 하마처럼 크게 벌리고 있는데, 그 입속으로 작은 구렁이들이 들어갔다가 여자의 아래 생식기로 나오는 일을 주기적으로 반복했다. 그러면서 구렁이들이 그녀의 오장육부를 파헤치니 입에서는 각혈 같은 피를 토하고 눈과 귀에서, 또 몸 아래 생식기에서 피고름이 계속 흘러나오는데 말 그대로 끝이 없었다.

이 여자는 괴성을 지르며 우는데, 나는 정말 음란죄를 짓지 말라고 잘 가르쳐야겠다는 책임감을 다시 다짐하게 되었다.

"내가 왜 여기까지 와서 형벌을 당해야 합니까? 왜! 내가 이 고통을 받아야 되냐구요?"

주님께서는 이 블록에서 마지막으로 다른 한 여자를 보

여주셨는데, 이 여자는 마른 체구의 여자였다. 그녀는 멍하게 서 있으면서 불만과 억울함과 후회가 뒤섞인듯한 모습이었다. 괴물같이 무섭게 생긴 귀신이 기다란 창으로 여자의 몸 아래쪽을 향해 연신 찔러대며 고통을 주고 있었다. 여자는 그 긴 창끝이 몸을 찌를 때마다 비명을 지르며 "살려달라!"고 외치는데 너무 처절했다. 가슴 부분도 창으로 사정없이 찌르고 있는 것이 아닌가. 지옥에서 받는 형벌을 여자라고 하여 고통을 덜 주고 봐주는 경우는 전혀 없었다. 오직 그 죄질에 따라 벌을 줄 뿐이었다.

거의 마찬가지로, 음란죄를 지어 심판을 받는 사람들은 생식기에 온갖 벌레들이 달라붙어 뜯어 먹고 파먹는 것을 보면서 죄를 범한 신체의 부분에 대해 동일하게 벌을 내린다는 것을 알 수 있었다.

나는 이 형벌의 모습을 보면서 주님의 말씀이 떠올랐다.

"나는 너희에게 이르노니 음욕을 품고 여자를 보는 자마다 마음에 이미 간음하였느니라 만일 네 오른 눈이 너로 실족하게 하거든 빼어 내버리라 네 백체 중 하나가 없어지고 온몸이 지옥에 던져지지 않는 것이 유익하며"(마태복음 5:28-29).

그런데 이 음란의 장소에는 돌하르방 같이 생긴 덩치가 아주 큰 악령이 있었다. 하나는 남자 같이 생겼고, 다른 하나는 여자 같이 생겼다. 이들은 각각의 생식기를 달고 있었는데 생식기 크기가 상상 이상으로 아주 컸다. 이 귀신이 자신의 생식기를 바라보며 누군가에게 큰 소리로 명령을 내리고 있었다.

"내 욕망을 채워라! 더 가득가득 넘치게 채워라! 그래서 속히 세상 사람들에게 죄를 짓게 만들어 지옥으로 데려오라!"

그리고 지옥에는 이런 곳도 있었다. 사람이 짐승과 성적인 죄를 범해서 심판을 받는 곳 말이다. 그 심판은 그냥 음란죄를 범한 사람들보다 더 크다는 생각을 떨칠 수 없었다. 주님과 대화하며 내 마음에 느껴지는 것이 있었다.

"지금의 세상이 음란죄로 인해 크게 무너지고 있단다. 앞으로 교회와 사회가 음란의 영으로 크게 지배를 받게 될 것이다."

유다서 1:7
"소돔과 고모라와 그 이웃 도시들도 그들과 같은 행동으로 음란하며 다른 육체를 따라 가다가 영원한 불의 형벌을 받음으로 거울이 되었느니라."

08

육체의 가슴으로 죄를 지어
형벌을 받는 여자도 보았다

또 다른 곳에서 주님께서 한 여자를 보여주시는데, 이 여자의 가슴만을 집중적으로 보여주셨다. 이 여자의 가슴이 얼마나 큰지 마릴린 먼로보다 더 굉장히 커 보였다.

그런데 이 여자의 가슴에 수많은 벌들이 벌통에 달라붙듯이 온갖 구더기들과 벌레들이 달라붙었는데 징그러웠다. 그 가슴을 단물을 빨아 먹는 것같이 먹는데 가슴에서 배로 피고름이 흘러내리면서 그 고통과 괴로움으로 비명을 질렀다.

그때 내 안에 계신 성령님께서 이렇게 가르쳐주셨다.

"저 여자는 가슴 확대 수술을 한 후 자신의 가슴을 많은 사람들에게 자랑하고 뽐내면서 우상시했다. 자기만족에 빠져 생활을 가운데 수많은 사람들을 유혹하고 그 가슴을 보는 사람마다 마음으로 죄를 짓게 했다."

전도서 12:14
"하나님은 모든 행위와 모든 은밀한 일을 선악 간에 심판하시리라."

09
대통령(왕)들도 형벌을 받는 장면을 보았다

형벌을 받는 이곳은 마치 큰 나라와 같았다. 바닥에는 죽은 동물 속에 우글거리는 구더기들이 개미 떼같이 살아 꿈틀거리며 기어다니고 있었다. 나는 아침밥 먹었던 것을 토할 지경이었다.

지옥은 어느 곳을 가도 어둠이 지배하는 곳이다. 여기도 어둠으로 뒤덮여 있었다. 이곳저곳에서 악령들이 눈에 불을 켜고 큰 소리로 사람들을 저주하며 위협하는 소리가 들렸다.

그런데 이곳에는 좀 색다른 곳이었다. 그것은 우리가 흔히 컴퓨터 게임에서나 볼 수 있는 이상한 괴물같이 생긴 악한 영들이 있었기 때문이다. 사람의 모습 같기도 하고 짐승 같기도 한 그런 모습을 한 괴물이 다른 곳에 비해 덩치가 상당히 더 크다는 생각이 들었다.

이 형벌 장소에서 고통당하는 사람들은 한결같이 자신의 머리에 빛이 없는 돌로 만들어진 무거운 왕관을 쓰고 있었다. 그런데 사람에 따라 왕관의 크기도 다르고 모양도 다르고, 거기에 부착된 장식도 달라 보였다.

주님께서 저쪽의 한 사람을 자세히 보여주셨다. 얼굴은 정확히 알 수는 없으나 빛도 없는 큰 돌 왕관을 쓰고 있었다. 돌 왕관의 무게가 아주 무겁게 느껴졌는데, 그 돌 왕관 위에 사람의 모습을 한 짐승이 이 사람이 쓰고 있는 왕관 위에 앉아 왕처럼 행세하며 짓누르고 있었다. 그 짓누름은 마치 큰 바위 밑에 깔려 자라지 못하고 누렇게 변해 버린 풀과 같은 모습처럼 아주 고통스러운 모습이었다.

그런데 돌 왕관에는 여러 모양의 장식같이 달라붙은 것이 있었다. 용, 사자, 여우, 뱀, 원숭이, 박쥐, 개 모양 등등 크고 작은 다양한 장식으로 되어 있었지만 빛도 빛나지 않고 광채도 나지 않는 영광스런 모습이 아니라 너무나 부끄러운 모습이었다. 또 이런 모양의 장식은 이 사람이 세상에서 살 때 짐승처럼 행동을 하며 살았다는 것을 보여주기 위한 것이라는 생각을 했다.

그리고 이 사람의 몸에도 예외 없이 수백 마리의 구더기들이 새까맣게 달라붙어서 이 사람의 눈을 파먹고는 속으로 들어갔다가 항문으로 나오고, 코로 들어갔다가 귀로 나오고, 눈으로 들어갔다가 항문으로 나오는데 몸에서 나올 때마다 이 사람의 속살을 뜯어 먹고 파먹고 있었다. 그 피고름이 그의 몸에서 빗물처럼 줄줄 나왔다.

거기다가 그가 쓰고 있는 돌 왕관이 무겁고 창피해서 양손으로 벗기려고 발버둥쳐보지만 벗어지지가 않았다. 오히려 왕관을 쓴 자리가 짓물러져서 고통만 더 심했다. 그럴 때마다 이 사람의 얼굴이 짐승 얼굴로 변하곤 했다. 그러더니 이를 갈며 고통을 호소하듯 소리를 질러댔다.

"제발 나를 이곳에서 빼내어 줘라! 내가 세상에 살 때 제일 높은 권력을 가지고 많은 사람들을 지배하며 살았는데…. 그러나 잘못했다! 용서해주라! 한 번만 기회를 주면 다시는 그렇게 안 살겠다. 제발 고통을 중지시켜 달라!"

그의 말에는 이 땅에서와 같이 명령식으로 하소연했다. 그러나 아무도 그 소리에 귀를 기울이지 않았다. 지옥은 한 번 들어가면 그 누구도 나올 수 없고 구더기들도 썩지 않는 지옥 불꽃에 떨어져 거기서 이를 갈며 슬피 우는 영벌의 장소인 것이다.

이 사람의 온몸은 피범벅이 되어 유황불에 타서 그 악취가 온 사방에 퍼져나가 더욱 고통스럽게 했다. 그렇게 불 심판을 당하지만 죽어 없어지는 것이 아니었다. 지옥은 사람이 세상에서 살 때 지은 죄에 대해 심판을 받는 곳이기 때문에 다시 심판을 받기 전의 모습으로 돌아와서 그 형벌을 계속 반복해서 받게 된다. 그런즉 지옥의 형벌은 죽지 않고 영원토록 벌을 받는 것이라고 교회에서도 가르치고 있다.

지옥은 모든 불법과 죄를 지은 사람들이 심판받는 곳이요, 또 같은 지옥에서도 죄의 무게에 따라 그 횟수와 형벌이 다른 곳이다.

이것을 보여주시면서 내 안에 계신 주님께서는 이 사람들은 주님이 부여하신 권력을 가지고 수많은 사람들에게 군림하여 횡포를 부리고, 착취하고, 악을 행하고, 약한 자들을 억압하고, 하나님의 영광을 다 가로챈 자들이라 하셨다.

로마서 13:3

"다스리는 자들은 선한 일에 대하여 두려움이 되지 않고 악한 일에 대하여 되나니 네가 권세를 두려워하지 아니하려느냐 선을 행하라 그리하면 그에게 칭찬을 받으리라."

10

교회를 핍박한 자들은 형벌을 받는다

    이곳은 태평양 바다처럼 넓은 곳으로, 한마디로 유황 불못 바다였다. 물을 끓일 때 100도가 넘으면 물이 펄펄 끓어오르듯이 유황 불못이 끓어오르는 소리가 마치 기차가 철로를 달릴 때 들리는 소리보다 더 크게 들렸다.

    한 걸음 두 걸음 하면서 보니 두 눈에 새빨간 불을 켜고 소리를 지르는 악령들이 많이 있었다. 펄펄 끓는 유황 불못 속에는 헤아릴 수 없는 많은 사람들이 허우적거리며 빠져나오려고 안간힘을 쓰고 있었다. 뭔가를 움켜잡으려고 필사적으로 손을 뻗어 더듬고 있었지만 불못 속에서 빠져나올 수가 없었다. 이 유황 불못은 100도, 200도 정도 되는 불이 아니었다. 제철소에서 흘러내리는 수천 도가 넘는 용광로의 쇳물처럼 보였다.

그런데 특이한 것은 여기에 던져진 사람들은 뜨거운 불못으로 그 고통은 그대로 느끼면서도 살이나 뼈가 불에 타 녹아내리거나 없어지지 않고 고통만 당하고 있었다. 꺼지지 않는 유황불이 이들을 계속 태웠다.

"으악, 뜨거워! 너무 뜨거워! 뜨거워서 견딜 수가 없어요! 목이 탄다. 목이 타! 물, 물, 물 좀! 물!" 하면서도 갑자기 "왜! 내가 지옥에까지 와서 유황 불못의 고통을 당해야 하느냐" 하면서 원망하는 것이 아닌가.

지옥에서 형벌을 받는 사람들도 기회만 있으면 따지고

원망을 하는데 그들의 죄악상을 적어놓은 행위책을 보여주면 그들은 곧바로 꼬리를 내리고 서럽게 울곤 한다.

"잘못했어요! 용서해주세요!"라고 소리치는 것이다.

하지만 진정한 회개는 없다. 한결같이 다시 기회를 주면 잘 하겠다고 애타게 부르짖기만 했다. 불쌍한 것은 이들이 아무리 하소연하고 외쳐도 구원의 손길을 베푸는 사람은 하나도 없다는 사실이다.

그래서 주님께서 나에게 지옥과 천국을 보여주신 것은 지옥에 가서 뒤늦게 후회하지 말고, 이 땅에 있을 때 가르침을 잘 받아 예수님이 기뻐하시는 일을 많이 하고 신앙생활을 잘 하도록 돕는 역할을 충실히 하기 위함임을 깨닫게 했다.

나는 이 장면을 보면서 한없이 눈물이 났다. 누가복음 16:23-24 말씀이 생각났기 때문이다.

"그가 음부에서 고통 중에 눈을 들어 멀리 아브라함과 그의 품에 있는 나사로를 보고 불러 이르되 아버지 아브라함이여 나를 긍휼이 여기사 나사로를 보내어 그 손가락 끝에 물을 찍어 내 혀를 서늘하게 하소서 내가 이 불꽃 가운데서 괴로워하나이다."

그러면서 주님께서 내게 큰소리로 말씀하셨다.

"이 땅의 목회자를 괴롭히거나, 교회를 핍박하고, 예수 믿는 성도들을 핍박하는 것은 바로 아버지 하나님을 괴롭히고 핍박하는 일이 되기 때문에 이들의 죄는 참으로 크고 지옥의 엄한 벌을 받을 수밖에 없느니라."

11

미혹의 영(이단)에 사로잡힌 자들이 형벌을 받는다

마태복음 24:23-24

"그 때에 사람이 너희에게 말하되 보라 그리스도가 여기 있다 혹은 저기 있다 하여도 믿지 말라 거짓 그리스도들과 거짓 선지자들이 일어나 큰 표적과 기사를 보여 할 수만 있으면 택하신 자들도 미혹하리라."

거짓 선지자의 미혹의 영에게 지배를 받아 심판을 받는

곳도 지옥이다. 지옥은 캄캄한 어둠이 지배하는 곳이기 때문에 곳곳에서 용, 사자, 여우 모양같이 생긴 악한 영들이 득실거린다. 특히 덩치가 큰 용같이 생긴 자가 왕처럼 큰소리를 치며 사람들을 저주하고 무섭게 위협하고 있었다. 용같이 생긴 괴물은 다른 곳에 있는 자들보다 덩치가 크게 보였고, 힘도 강하게 느껴졌다.

"어리석고 불쌍한 자들아! 한결같이 나의 꼬임에 잘도 넘어가 주었구나! 내가 너희들을 속였다! 내 속임수에 잘 넘어가 줘서 정말 기쁘다!" 하면서 소리를 지르며 흐뭇해 했다.

이곳의 지옥 바닥은 불로 달구어진 끝이 뾰족한 자갈이 모래알같이 깔려 있었다. 그 위에 크고 작은 뱀들이 벌레처럼 기어다니고 있는데, 이 뱀들은 불에 타도 죽지도 않았다. 그중에 구렁이도 많았는데, 큰 톱니 같은 이빨을 가졌으며, 큰 구렁이는 우리가 상상도 못할 정도로 컸다.

이런 뱀들과 구렁이들이 무거운 몸뚱아리를 꿈틀꿈틀 움직이며 사람들을 위협하고 공포에 떨게 하고 있었다. 이곳에 있는 사람들은 불에 쎄게 달궈진 끝이 뽀족한 자갈 위에 크고 작은 면류관같이 생긴 관을 쓰고, 석쇠에 고기가 구워지듯 살이 타들어 가면서 피를 흘리며 고통을 받고 있었다. 머리가 무거워 고개를 떨어뜨린 채 고통받는 이들도 있었다. 역시 바닥에는 피가 홍건히 고여서 핏덩이가 된 곳도 있었는데 이 피가 유황불에 타서 독한 가스가 계속 역겨운 냄새를 풍기고 있었다.

주님께서는 이곳에서 두 사람을 세밀하게 보여주셨다.
한 사람은 거짓 선지자 노릇한 사람이었다. 이 사람은 남자인지 여자인지를 구분하기가 힘들었다. 왜냐하면 덩치도 크고 머리카락도 길게 늘어뜨린 사람이었는데 마치 산에서 도를 닦는 사람의 자세를 하고 있었기 때문이다.

더 가까이 가서 보니 이 사람의 머리에 가시관이 씌어 있었는데, 가시관은 너무 크고 무거운 것처럼 보였고, 그 생긴 것이 돌덩어리나 철 덩어리같이 보였다. 이 가시관이 얼마나 무거운지 마치 가을에 많은 열매를 맺어 그 무게 때문에 처져 있는 사과나무 가지처럼 이 사람의 머리가 곧 부러져 버릴 것 같아 보였다. 그래서 자신의 양손으로 간신히 목을 받치고는 죽어가는 목소리로 울부짖었다.

"아이고, 무거워라! 이 가시관이 왜 이리 무거운 거야! 제발, 이 가시관 좀 벗겨줘요!"

그 관에 달려 있는 가시는 또 날카로운 칼날 같고 긴 대못같이 굵은데다 이 가시가 식물처럼 살아 움직여서 그의 머리, 눈, 귀, 입 등 들어갈 수 있는 틈만 있으면 그 속으로 파고 들어갔다. 그래서 온몸을 찌르면서 속살까지 파고 들어가니 그 고통이 너무 처절해 보였다.

그것뿐만이 아니었다. 엉덩이와 허벅지 그리고 다리는 숯불에 갈비가 구워지듯 그 살이 타면서 연기를 내고 피를 흘리면서 타들어가는데 온몸에 피범벅이 되어 악에 받친 것 같이 고통을 호소하였다.

"정말 아파! 너무 뜨거워서 무서워요! 무서워! 내가 속았어! 그 마귀에게 속았다고! 내가 너무 어리석었어! 미혹의 영에게 속아 살았다니까! 하나님, 다시 한번 기회를 주세요!" 하면서 후회하였다.

나는 너무 가슴이 아파 바라보고 있는데 예수님께서 이 사람의 이름은 세상에 크게 알려져 있으며, 세상에서 사람들로부터 왕 대접을 받았다고 하셨다. 하지만 이 사람이 미혹의 영에 사로잡혀서 거짓 선지자 행세를 하다 지금 이렇게 형벌을 받는 것이 안타깝다고 하셨다.

주님께서 보여주신 두 사람 중에 또 한 사람은 이단에 빠져 형벌을 받는 여자였다. 맥이 빠진 모습으로 앉아 있었는데, 머리에 가시관은 쓰지 않았다. 그런데 목과 허리뿐 아니라 온몸을 칡넝쿨이 나무를 칭칭 감고 있는 것처럼 그녀의 몸을 큰 구렁이가 칭칭 감으며 몸 전체 마디마디를 조이는 것이 아닌가. 그러자 여자는 너무나 고통스러워하며 얼굴이 괴물처럼 변해갔다. 여자는 숨도 쉬지 못하고 켁켁거리며 소리를 지르는데 "답답해! 답답해! 숨을 쉴 수가 없어! 숨 막혀 죽겠다! 제발 숨 좀 쉬게 해줘!"라고 부르짖었다.

또 다른 뱀들이 날카로운 톱니 같은 이빨로 여자의 몸을 물어 뜯어 먹고 속살을 파헤치고 있었다. 뿐만 아니라, 이 여자의 엉덩이와 허벅지는 달구어진 뾰족한 자갈에 지글지글 타들어가고 있었다. 온몸이 피투성이인 채로 자신의 어리석음을 후회하며 목놓아 울었다. "내가 속았다! 내가 어리석었어! 내가 마귀에게 속았어!"라고 소리쳤다.

하지만 지옥은 한 번 떨어지면 다시는 살 기회가 없는 곳이다. 그래서 이 여자는 누군가의 이름을 부르면서 욕하고 저주를 하였다.

이 장면을 보고 있는 나에게 내 안에 계신 주님께서 알려주셨다.

"이 사람은 교회를 성실히 다니기는 했다. 그러나 영적 분별력이 없어서 미혹의 영에 사로잡혀 예수 없이 이단에 빠져 살다가 이 지옥에 와서 심판받는 것이다."

이곳에는 덩치가 큰 용같이 생긴 마귀가 왕처럼 큰소리를 치며 계속해서 자기 부하들에게 명령을 내렸다.

"세상에 가서 사람들을 미혹해 빨리 이곳에 데리고 와라!"

지옥에는 미혹의 영에 붙잡혀 심판받는 사람들이 너무나 많았다. 주님께서 말씀하셨다.

"사랑하는 종아, 세상의 악한 영들 가운데 예수님을 비슷하게 흉내내는 자들이 너무나 많단다. 그래서 성도들이 영분별의 지혜를 달라고 기도해야 한다. 그것만이 아니다. 앞으로 교회가 미혹의 영에 의해 많이 무너지게 된다는 것을 알고 정말 잘 가르쳐야 한다."

고린도후서 11:14
"이것은 이상한 일이 아니니라 사탄도 자기를 광명의 천사로 가장하나니."

12

교인들 가운데 물질 때문에 예수 없이 지옥 간 사람이 너무 많다

디모데전서 6:10

"돈을 사랑함이 일만 악의 뿌리가 되나니 이것을 탐내는 자들은 미혹을 받아 믿음에서 떠나 많은 근심으로써 자기를 찔렀도다."

예수 없이 교회 다니는 사람들이 요즘 너무 많다. 주님께서 물질 때문에 죄를 지어 심판을 받는 지옥을 보여주셨는데, 그곳은 바닥이 너무 뜨거운 열에 달궈진 대리석으로 되어 있었다. 주님께서는 이곳에 데려오신 다음 여러 장면을 보여주셨다.

먼저, 한 남자를 보여주셨다. 그런데 이 남자는 다른 데서 와는 달리 두꺼비처럼 누워있는 자세를 하고 있었다. 그의 등과 하체가 불같이 뜨거운 대리석에 몸이 타면서 연기와 함께 고약한 냄새가 진동을 했다. 또 이 남자의 배 위에는 큰 돌덩어리가 놓여 있어 온몸을 세게 짓누르고 있어서 숨 쉴 수가 없었다. 위에서는 무거운 돌덩어리가 짓누르고 있고, 아래에서는 지글지글 달궈진 대리석에 살이 타니까 너무나 괴로워했다.

"뜨거워! 뜨거워! 무거워! 무거워! 숨조차 쉴 수가 없구나!"

그러면서도 숨이 끊어질 것 같은 목소리로 애타게 하소연했다.

"내가 세상에 살 때 얼마나 땅이 많고 돈이 많았는데, 내가 이런 형벌을 당하다니 억울하다."

그러나 누구 하나 그 말에 동정해주는 사람이 없었다.

이때 주님께서는 이 사람에 대해서도 이런 감동을 주셨다.

'이 사람은 교회를 다니며 사업을 했던 사람으로, 처음에는 믿음이 신실한 신앙인으로서 교회 봉사도 하고 십일조 생활도 잘 했었다. 그래서 하나님께서 이 사람의 사업장에 많은 복을 주셨는데 그것이 그의 삶을 바쁘게 만들어버렸다. 시간이 지날수록 이런저런 핑계를 대며 교회를 빠지더니 급기야 십일조가 많아지니까 그것이 아까워서 예전의 좋았던 믿음을 다 까먹고 완전히 세상 길로 가버렸던 사람이다. 결국 예수 없이 살다가 생을 마치고 이곳에 왔지. 이 사람은 순전히 돈 때문에 망한 사람이란다.'

주님께서 "내가 저 사람에게 더 큰 축복을 준비하고 있었는데 미래를 볼 줄 아는 눈이 없었어!"라는 깨달음도 주셨다.

두 번째로, 주님은 또 한 여자를 보게 하셨다. 이 여자는 뜨겁게 달궈진 뜨거운 돌바닥 위에 앉아 있는 것 같았는데, 이 여자 역시 엉덩이를 비롯해 허벅지와 정강이까지 그 뜨거운 대리석에 살이 연기를 내며 타들어가고 있었다.

입술에는 돈 같이 생긴 뭔가를 물고 있는데, 이것은 돈이 아니라 썩어 구린내가 나는 변(똥)이었으며, 그녀는 그 변을 계속 토해내며 고통스러워했다.
그러면서 이 여자는 저 위쪽을 쳐다보며 항의했다.

"내가 저 세상에 살 때 많은 돈을 소유하고, 통장에도 많은 돈을 적립하고 살았고, 고급 주택에, 비싼 외제 차를 타고, 값비싼 명품 옷을 입었는데, 왜 이곳에서 이런 큰 고통을 당해야 하는가?"

 그러자 즉각 그녀의 지나온 세상의 행적이 기록된 책이 펼쳐졌다. 지옥에서는 그 어디에서나 왜 나를 지옥으로 보냈냐고 따지고 불평하고 항의하는 자에게는 그때마다 행위책을 꺼내 그 증거를 보여주었다.

 이 여자는 아무런 말도 못하고 바로 꼬리를 내리고 후회했다.

 "돈, 돈, 돈, 돈이 나를 이렇게 망하게 했구나! 그 돈 때문에 내가 이 지옥에 와서 영원히 불로 심판을 받게 되는구나!"

 그녀는 정말 영원히 불이 꺼지지 않는 지옥에서 형벌을 받는 사실을 마음에 새기지 않고 산 것을 뒤늦게 깨달은 것이다.

주님께서는 이 가련한 모습을 보고 있는 나에게 큰 깨달음을 주셨다.

'이 여자는 재산이 아주 많은 여자였다. 그런데 자기를 위해 쓰는 것에는 아깝지 않게 펑펑 잘 썼으나 교회에 헌금하는 일에는 인색했었다. 그래서 물질의 부담을 느껴 마음을 닫고 살다가 악한 영의 유혹을 받아 세상길로 가버렸다. 이 여자는 돈을 신처럼 섬겼기 때문이다.'

세 번째로, 주님께서는 또 한 남자를 보여주셨다. 이 사람은 다른 사람에 비해 젊은 사람 같아 보였다. 서 있는 자세에서 그 역시 엉덩이에서부터 허벅지, 발까지 불같이 시뻘건 대리석에 살이 타면서 지독히 고약한 냄새가 났다. 그런데 이상하게 이 남자는 양손을 들고 있었다. 마치 숯이 불에 타들어가듯 손가락 끝에서부터 시뻘겋게 온몸으로 타들어가고 있었는데, 이 남자는 그 양손으로 불을 꺼보려고 필사적으로 노력해보지만 불이 꺼지지가 않았다.

이 남자는 자신이 받은 심판이 얼마나 무섭고 고통스러운지 이제야 실감하는 눈빛이었다. 그 얼굴이 괴물처럼 찌그러졌다가 다시 사람 얼굴로 변하는 것이 계속 됐다. 그러면서 큰소리를 치는 것이 아닌가.

"뜨거워! 뜨거워! 뜨거워! 정말 잘못했어요! 다시 용서해주세요! 한 번만 기회를 주세요!"

그러나 이 사람에게 관심을 갖고 있는 사람은 아무도 없었다.

이 남자는 자신의 손으로 부당하게 돈을 벌겠다는 욕심을 부리다 결국 인생을 망치고 악한 영의 지배를 받다 보니 폐인이 되었고 이런 곳에서 심판을 받는 것임을 깨닫게 되었다.

네 번째로, 주님께서는 우박 같은 돌덩어리가 떨어지는 것을 보여주셨다. 또 한 곳에서는 수많은 사람들이 비를 피해 뛰어가는 모습과 비슷한 장면도 볼 수 있었다. 위에서부터 큰 돌이 우박같이 떨어지는데 이 돌 우박을 피해 도망을 다녀보지만, 지옥에는 그 어디에서도 피할 수 있는 장소가 없었다. 돌 우박에 맞아 머리가 깨져 피를 흘리는 사람, 다리가 부러져 가지 못하고 피를 흘리는 사람, 그리고 이 돌 우박을 피해 소리를 지르며 살려 달라고 도망을 가다 자기들끼리 부딪쳐 넘어지고 깨지기도 하는 모습을 보았다. 이들은 돈벼락이 아니라 돌벼락을 맞고 있었다. 그 외에도 물질 때문에 죄를 짓고 인생을 망쳐버린 사람들이 심판의 형벌을 받으며 고통 소리를 지르고 있었다.

"돈! 돈! 돈! 아이고, 돈이 나를 망하게 했구나. 돈 때문에 내가 이곳에서 무서운 심판을 받고 있다"는 울부짖으며 통곡하는 소리가 공장의 큰 기계에서 돌아가는 기계 소리보다 더 크고 시끄럽게 들려왔다.

누가복음 18:24-25

"예수께서 그를 보시고 이르시되 재물이 있는 자는 하나님의 나라에 들어가기가 얼마나 어려운지 낙타가 바늘귀로 들어가는 것이 부자가 하나님의 나라에 들어가는 것보다 쉬우니라 하시니."

주님께서는 앞으로 물질 때문에 교회와 성도들이 크게 무너진다는 깨달음도 주셨다.

13

가정 파괴범이 지옥에서 형벌을 받는 것도 보았다

    지옥은 사방이 암흑천지의 나라이다. 곳곳에서 수많은 사람들이 괴로움에 고통, 절통을 호소하며 바닥에는 피가 흥건히 고여 어디서나 흘러가고 있었다. 또 수많은 파리 떼들이 윙윙 소리를 내면서 날아다니는데, 그 소리가 큰 체육관에서 관중들이 응원하는 소리와도 같았다. 그 파리 떼 수가 얼마나 많은지 강가의 자갈같이 많았다. 또 그 파리 떼들은 크기와 모양도 다양한데 정말 작은 송아지만

큼이나 큰 파리도 있었다. 그것은 내가 생각한 그런 파리가 아니었다. 이 세상에선 찾아볼 수 없는 파리였다.

이렇게 많은 파리 떼들의 혀와 발이 마치 날카로운 칼날 같아서 사람에게 한 번 달라붙으면 살을 후벼파며 파먹을 정도였다.

여기서 계속 한 자리에 서 있는 한 남자를 보았다. 그런데 그의 온몸에 수도 없이 많은 파리들이 달라붙어 이 남자에게 고통을 주고 있었다. 이 사람에게 달라붙은 파리 떼들은 그의 몸을 파고 뜯어 먹는데, 나무껍질을 벗기듯이 몸에 뼈만 남기고 살을 파먹는 것이었다. 그 고통이 얼마나 큰지 소리를 지르며 도망가려 하지만 말이 떨어지지 않았다.

온몸에 피투성이가 된 채 소리를 막 지른다.

"잘못했어요! 용서해주세요! 제발 나를 이곳에서 벗어

나게 해 주세요! 한 번만 기회를 주세요!" 하면서 싹싹 비는 모습을 볼 수가 있었다.

> 출애굽기 8:24
>
> "여호와께서 그와 같이 하시니 무수한 파리가 바로의 궁과 그의 신하의 집과 애굽 온 땅에 이르니 파리로 말미암아 그 땅이 황폐하였더라."

하지만 지옥에서는 고통과 비참함을 볼 수는 있어도 도와주는 사람을 찾기란 불가능했다. 아예 없는 것이 맞는 말이다.

얼마 후 이 남자는 뼈만 앙상하게 남게 되었다. 그렇다고 이 사람이 죽어 없어지는 것이 아니었다. 다시 사람으로 돌아와서는 그 고통을 또 반복해서 심판을 받는 것이 아닌가. 영원히 말이다.

내 안에 계시는 주님께서 이 장면을 보여주시면서 "이

사람은 자신의 무질서한 행동으로 인해 가정을 파괴한 사람이다. 그러니 하나님께서 허락하신 가정을 소중히 여길 줄 알아야 한다"고 하셨다.

주님께서는 오늘날 많은 가정들이 무너져가는 것을 안타까워하셨다.

14

남을 미워(시기, 질투)하는 죄를 지어 형벌을 받는 이들도 있다

지옥에서의 모습은 대부분 어디에서나 암흑 속에서 수많은 사람들이 괴로움에 고통의 소리를 지르고 있고, 바닥은 피비린내 나는 냄새와 끈적끈적한 피가 고여 있고, 이 피 냄새가 유황불에 타서 연기가 났다. 지하철 화재 사고 때보다 더 독해 질식사할 정도로 고통이 엄청났다.

바닥 여기저기에는 형벌을 받다가 떨어진 사람들의 몸

뚱이가 마네킹을 분리시켜 놓은 것처럼 피투성이가 된 채 나뒹굴며 흩어져 있었고, 사람들이 공포와 고통에서 벗어나려고 도망치다가 몇 발자국도 못 가서 부딪쳐 넘어지고 깨지는 세상이다. 지옥 자체가 아수라장이다. 또다시 일어나서 도망을 치지만 바닥에 나자빠져 있는 몸뚱이에 걸려 또 넘어지고 엎어진다.

잠시의 틈도 없이 불도저같이 생긴 큰 괴물이 눈에 레이저 불을 켜고는 괴상한 울음소리를 내면서 천둥번개치듯 달려드니 구름 떼 같은 사람들이 두려움과 공포에 사로잡혀 또다시 도망을 치는 장면이 연속적으로 드러났다.

그러자 "제발 이 두려움에서 벗어나게 해줘. 잘못했어. 무서워! 무서워! 다시 한 번만 기회를 줘!"라고 울부짖으며 소리친다.

하지만 불도저같이 생긴 괴물은 배고픈 사자가 먹이를 찢듯이 닥치는 대로 사람들의 오장육부를 찢고 잘라버린다. 이 괴물이 사람들 사이를 한 번 지나가면 지옥의 수많은 사람들의 몸은 피투성이가 된 채 종이짝 찢기듯 찢겨서 나뒹굴고 잘려져 나간다.

머리가 잘려 나뒹구는 사람, 팔이 잘리고 다리가 잘려 나뒹구는 사람, 온몸이 찢기면서 고통을 당하는 사람이 너무 많은데, 그렇다고 그 사람들이 죽어 없어지는 것도 아니고, 찢겨져 나간 몸은 얼마 후 기계가 조립되듯 자동적으로 다시 돌아와 또 고통을 받게 된다.

지옥에는 항상 이 땅의 불도저같이 생긴 괴이한 괴물이 쉬지 않고 계속 사람들에게 달려들어 참혹한 형벌을 가하고 있었다.

요한일서 3:15
"그 형제를 미워하는 자마다 살인하는 자니 살인하는 자마다 영생이 그 속에 거하지 아니하는 것을 너희가 아는 바라."

여기에서 주님께서는 사람이 사람을 미워하는 것은 사람을 죽이는 것과 같다고 하시면서 큰 형벌을 받는다고 하셨다.

15

거짓말(불평, 원망)한 자들도 심판을 받는다

캄캄한 어둠 속에서 입술로 거짓말하고 불평하고 원망하며 죄를 범한 사람들이 형벌을 받고 있었다.

요한복음 8:44
"너희는 너희 아비 마귀에게서 났으니 너희 아비의 욕심대로 너희도 행하고자 하느니라 그는 처음부터 살인한 자요 진리가 그 속에 없으므로 진리에 서지 못하고 거짓을 말할 때마다 제 것으로 말하나니 이는 그가 거짓말쟁이요 거짓의 아비가 되었음이라."

잠언 21:23
"입과 혀를 지키는 자는 자기의 영혼을 환난에서 보전하느니라."

요한계시록 21:8
"… 거짓말하는 모든 자들은 불과 유황으로 타는 못에 던져지리니 이것이 둘째 사망이라."

주님께서 두 가지 장면을 보여주셨다.

그중에 한 여자를 보았는데, 이것은 사형장에서 죄수들을 총살형 집행할 때 나무에 묶어 놓은 모습이었다. 주님께서 자세히 보여주셨는데, 검은 대리석 같은 바닥 위에 크고 작은 기둥들이 수없이 세워져 있었다. 여기에 수많은 사람들이 기둥에 달라붙어서 사시나무 떨 듯 바들바들거리며, 이 고통에서 벗어나보려고 허우적거리고 있었다.

그녀의 혓바닥은 개의 혓바닥보다 몇 배나 크고 길게 입에서 빠져나와 있었고, 기둥이 혓바닥을 뚫고는 바닥에 박혀 있었다. 보기에도 처참하기 그지없었다.

온몸에는 알 수 없는 벌레들이 샅샅이 파헤치고 있었다. 그녀의 온몸이 어찌 되겠는가? 피투성이가 된 것은 말할 것도 없고 고통을 당하면서도 신음소리도 못 내고 바들바들 떨고만 있었다.

또 다른 한 장면을 보게 되었다. 이 모습은 겨울에 황태 말리는 것과 거의 비슷한 모습이었는데, 수많은 사람들이 어떤 줄에 매달려 공중에 떠 있는 것같이 보였다. 자세히 보니 공중에 매달려 있는 것이 아니었다. 이쪽에서 저쪽까지 끝도 보이지 않게 수많은 사람들을 줄줄이 사탕 이어 놓듯이 사람들의 혀를 뚫어서 공중에 매달아 놓은 것이었다. 나는 너무 참담한 심정이었다. 정말 이런 형벌은 생각지도 못했다.

여기에 매달려 있는 사람들은 "살려달라!"는 소리도 지르지 못한 채 이 처참한 형벌에서 벗어나려고 온몸을 흔들며 발버둥쳐보지만 그럴수록 고통의 통증만 더해갔다. 그렇게 할 때마다 혓바닥은 계속 더 찢겨지고 피는 더욱 많이 흘러내렸다. 그렇다고 바닥에 떨어지는 것도 아니었다. 여기에 온갖 벌레들이 달라붙어 가지고 그들의 몸을 파헤치며 빨아 먹고 있었다.

16
성공 출세주의자들이 형벌을 받는 장소도 있다

내가 방문했던 이곳은 백두산보다 더 높고 넓은 아주 큰 산처럼 보였다. 산 정상에는 화산이 폭발한 것같이 유황불이 용암처럼 분출하여 흘러내리는데, 이 유황불이 불답지 않게 그리 밝지 않아 보였다. 그 유황불이 정상에서 아래로 흘러내리고 있었다.

그런데 이 산에는 수많은 사람들이 개미 떼같이 달라붙

어서 정상을 향해 기어 올라가는데 그 수가 얼마나 많은지 모른다. 정상을 향해 기어 올라가는 길에는 유황불이 계속 물처럼 흘러내렸다. 흘러내리는 그 유황불을 피하지 못하면 그들의 살이 타고, 뼈가 타들어 갔다. 사람들은 이 유황불을 피해보려고 했지만 피할 수가 없었다.

머리가 타고, 얼굴이 타고, 가슴이 타고, 배가 타고, 허벅지가 타고, 정강이가 타고, 다리가 타고, 발이 타고, 손이 타고, 온몸이 유황불에 뼈까지 다 타고 재만 남았다가도 또 얼마 후에 다시 정상의 몸으로 돌아오는 것이 반복되고 있었다. 그리고 이들은 다시 산 정상을 향해 계속 기어 올라갔다.

지옥에는 이렇듯이 불이 다 탄다 해도 영벌의 장소이기 때문에 죽음을 맞을 수는 없었다. 죽고 싶어도 죽을 수 없는 곳이다.

이 장면에서 내 안에 계신 주님은 이들은 세상에 살 동안 자신의 영혼에는 관심이 없어 오직 세상에서 성공 출세만을 위해 죄를 지으며 살아온 자들임을 깨닫게 해주셨다.

이들의 눈에는 지옥에서도 유황불이 분출되는 산 정상이 세상에서 자신들이 다 이루지 못한 성공과 출세의 욕망으로 보이기 때문에 그 높은 곳을 향해 계속 기어오르고 또 기어오르고 있었다.

17

벌떼에 고통당하는 자들

칠흑같이 어두운 곳이었다. 벌떼들이 윙윙거리면서 날아다니고 있었다. 그 소리가 월드컵 축구 경기장에서 선수가 골을 넣었을 때 관중들의 환호 소리보다 더 크게 들렸다.

크고 작은 벌떼들은 눈에 불을 켜고 사람들에게 달라붙어서 고통을 주고 있었다. 그 벌떼들의 소리가 너무 크고 무서워서 귀를 막고 소리 지르는 사람들이 많았다. 벌들은 못 크기 만한 날카로운 침으로 사람들에게 달라붙어 무섭게 쏘아댔다. 그런데 벌떼 가운데 큰 벌은 강아지만큼이나 큰 것도 있었다. 벌떼를 피하려고 이리저리 도망쳐 보지만 워낙 벌들이 많아서 벌떼를 피할 수 없었다.

나는 이곳에서 세 장면을 보았다.

처음에 본 사람은 남자였는데, 벌떼가 이 남자에게 달라붙어 침으로 쏘아대니 벌독 때문에 그의 몸이 마치 큰 고무풍선처럼 서서히 부풀어 오르기 시작했다. 그러자 숨을 쉬지도 못하고 통증을 호소했다. 곧 그의 몸은 유리에 금이 간 것같이 갈기갈기 찢겨져 온몸에서 피가 낭자하게 흘러내렸다.

두 번째는 여자를 봤는데, 이 여자에게도 수많은 벌들이 달라붙어 강한 벌독이 여자의 몸을 실신시켜 버렸다. 그러자 여자의 몸이 봄 햇살에 눈 녹듯 서서히 녹아내렸다. 이 여자는 미쳐버릴 만큼 고통이 심해서 제발 벗어나게 해달라고 소리쳤다. 하지만 아무도 동정이나 구원의 도움을 주지 않았다. 그러다 사람의 몸이 액체로 녹아내리기 시작했다.

세 번째도 여자였다. 그런데 이 여자에게는 수많은 벌떼들이 달려들더니 마치 빨대로 음료수를 빨아 들어키듯이 몸의 모든 진액을 빨아 먹기 시작했다. 그랬더니 갑자기 마른 막대기처럼 몸이 서서히 말라가는 것이 아닌가. 이 여자는 그 괴로움을 참을 수가 없으니까 고래고래 울부짖는 비명 소리를 한없이 질러댔다.

이런 지옥의 모습을 보여주신 주님께서 이곳에 있는 사람들은 자신의 영혼에 대해선 눈꼽만큼도 관심이 없고 오직 자신의 몸을 신처럼 섬기고 돈을 쓰며 죄를 범해 이곳에서 형벌을 받는다고 하셨다.

로마서 8:13
"너희가 육신대로 살면 반드시 죽을 것이로되 영으로써 몸의 행실을 죽이면 살리니."

18

전갈 떼에 고통당하는 자들

 이 장면은 크고 작은 전갈들이 마치 싸우는 것같이 사람들에게 달려들더니 마구 찌르기도 하고 물어 뜯어 먹는 모습이었다. 주님께서 여기에서 한 여자를 보여주셨다.

 이 여자의 몸은 덩치가 큰 곰과 같은 괴물 모습이었다. 더 가까이 가봤더니 큰 곰 같은 괴물이 아니라 전갈에 물리고 몸이 퉁퉁 부어서 괴물의 형상을 한 것이었다. 수많은 전갈들은 독으로 여자의 몸을 쉬지 않고 쏘아대고 있었다.

그런가 하면 전갈들이 여자의 살점을 뜯어 먹으니 피가 여기저기서 튀었다. 또 입속으로 들어갔다 나갔다 하니 숨이 막혀 죽을 것만 같았다. 그럴 때마다 여자는 입으로 피를 토해내는데 생식기와 항문에서도 피고름 같은 것이 흘러나왔다. 온몸 전체가 피범벅이 되어 빨간 페인트 칠을 한 것처럼 보였다.

"무서워! 으악! 무서워! 죽을 것 같애!"

그러다가 생각해보니 분한 생각이 들었다. 그녀는 다시 악소리를 냈다.

"왜 내가 이곳에서 이런 고통을 당해야 되냐니까! 나를 놔줘요!"

어느새 이 여자가 세상에서 행했던 행위책이 펼쳐졌다.

그러자 완전 자동 시스템처럼 바로 "잘못했어요! 다시 한 번만 기회를 주세요!"라며 말이 쑥 들어갔다. 지옥은 영벌의 장소이기 때문에 한 번 지옥에 들어가면 어떤 방법으로도 빠져 나갈 수 없다.

이렇게 이 여자는 사람 형상이 아니라 사나운 큰 곰 같은 괴물 형상으로 끝없이 고통당하고 있었다. 이런 고통당하는 것을 안다면 과연 누가 지옥에 가겠는가? 그러나 예수님을 알지 못하고 믿지 아니하면 다 지옥 불에 간다는 사실이다.

마태복음 10:28
"몸은 죽여도 영혼은 능히 죽이지 못하는 자들을 두려워하지 말고 오직 몸과 영혼을 능히 지옥에 멸하실 수 있는 이를 두려워하라."

내 안에 계신 주님은 이 모습을 본 나에게 이 여자는 세상에 살 때 사람들에게 시비걸기를 좋아하고, 사나운 짐승처럼 다른 사람과 싸움하기를 즐겼으며, 술에 취해 상습적으로 행패를 부렸던 여자라 하셨다.

야고보서 4:1
"너희 중에 싸움이 어디로부터 다툼이 어디로부터 나느냐 너희 지체 중에서 싸우는 정욕으로부터 나는 것이 아니냐."

19
까마귀 떼에 고통당하는 자들

　어느 한 곳을 갔는데 까마귀 떼들이 얼마나 많은지 벌 떼같이 많았다.

　까마귀들이 날아다니며 소리를 지르는데 그 소리가 야구장에서 9회말 역전 만루 홈런을 칠 때 환호하는 소리보다 훨씬 더 크게 들렸다. 그러면서 지옥에 있는 사람들을 위협하며 괴롭히고 있었다.

까마귀 떼들 중에는 그 크기가 독수리보다 더 크고, 타조보다 더 큰 것들도 있고, 작은 것은 참새 정도 크기도 있었다. 그 까마귀 떼들의 부리가 창끝 같았고, 발톱도 날카로운 칼날처럼 보였다. 거기서 사람들은 까마귀 떼들을 피해 도망을 다니느라 서로 부딪쳐 넘어지고 깨지고 피를 흘리며 고통을 받고 있었다.

그런데 주님께서 한 남자를 자세히 보여주셨다. 이 남자는 가만히 선 채로 까마귀 떼들에게 사로잡혀 큰 소리를 질렀다.

"살려주세요! 제발 이곳에서 탈출하게 해주세요!"

이 남자를 향해 수많은 까마귀들이 날아와서 창끝같이 예리한 부리와 칼날같이 생긴 발톱으로 그의 머리를 쪼아대고 있었다. 마치 새들이 흙 속의 먹이를 찾아 발로 파헤치며 부리로 쪼아 먹는 것처럼 보였다. 까마귀들이 부리로 그의 머리를 쪼아대면서 두 발로 파헤치니 그의 두개

골이 보이는데 그 자리에서 피가 샘솟듯 솟아 올라오는 것을 보고 나는 소스라치게 놀랐다. 지옥에는 사람들마다 형벌을 받느라고 그 몸에서 피가 얼마나 많이 쏟아지는지 끝없이 흘러나왔다.

그런가 하면 까마귀들이 이 남자의 눈을 쪼아버리는데 그것을 보고 있자니 내 눈이 빠져버리는 듯한 착각이 들었다. 눈에서 피가 얼마나 많이 나오는지 끝도 없었다. 이 남자는 이런 고통 속에서도 살기 위해 발버둥을 치며 도망가려고 했지만, 수없이 많은 까마귀 떼들을 혼자서는 막아낼 수 없었다. 그는 순식간에 온몸이 피투성이가 된 상태에서 까마귀 떼에게 뜯기고 생살이 찢어지면서 뼈만 남게 되었다. 그런데 얼마쯤 지나고 나서 또다시 이런 고통의 과정을 반복적으로 당해야만 했다. 지옥은 영벌의 장소이기 때문이다.

이 사람은 세상에 살 때 선한 일을 하는 단체의 대표자였는데 겉으로는 사람들로부터 존경도 받고 칭찬도 들었으나, 속으로는 사람들을 속이고 자신의 배만 채운 사기꾼이라는 것을 주님께서 알려주셨다.

갈라디아서 6:7

"스스로 속이지 말라 하나님은 업신여김을 받지 아니하시나니 사람이 무엇으로 심든지 그대로 거두리라."

20

교만한 자들이 받는 형벌을 보았다

내 생각에 아주 높은 곳인 것 같아 보였다. 여의도 63빌딩보다 몇 배는 더 높은 곳이었다. 그리고 그 끝쯤에는 끝없는 어둠의 절벽이 있었고, 그 절벽 밑에는 빛도 희미한 유황 불못이 활활 타오르고 있는 것이 아닌가. 수많은 사람들이 여기서 울부짖으며 아우성을 치는데, 서로 절벽 가장자리에서 떠밀려 떨어지지 않으려고 너 죽고 나 살자 식의 혈투를 벌이고 있었다. 한마디로 지옥은 아비규환의 실상임을 확실히 보여주는 장면이라고 생각했다.

주변에는 컴퓨터 게임에서나 볼 수 있는 흉물스런 괴물 모양의 마귀들이 눈에 쌍심지를 켜고 사람들을 협박하고 저주하며 위협하면서 절벽 끝으로 쳐내고 있었다.

끝이 보이지 않는 절벽 밑에서는 유황 불못의 그 뜨거운 열기가 올라오고 낭떠러지 밑으로 떨어지면서 절규하는 사람들 소리가 절벽의 계곡을 크게 울렸다.

"으악! 무서워! 뜨거워서 견딜 수 없어요!"

그 절규의 통곡 소리가 들릴 때마다 절벽 위에 있는 사람들을 완전히 공포와 두려움 가운데 정신이 나가게 할 정도였다.

그들은 이제 와서 울부짖으며 세상에서 잘못 살았던 것을 후회하였다.

"잘못했어요! 제발 용서해주세요!"

소리를 지르며 무서운 이 지옥에서 제발 나가게 해달라고 크게 소리를 쳤다. 사람들은 절벽 아래로 떨어지지 않으려고 죽을 힘을 다해 안간힘을 써 보지만 악령들은 깔깔대면서 밀쳐내고 있었다.

이 모습 속에서 내 안에 계신 주님께서 이들은 교만의 영에 사로잡혀 지옥 심판을 받은 자들이라 하셨다. 그들은 이 세상을 살 때 아주 잘 살고, 이런 것도 가졌고, 이것도 할 줄 알고, 자신이 최고인 줄 착각했을 뿐 아니라 다른 사람들을 무시하고 업신여기며 살아온 자들이라 하셨다.

잠언 16:18
"교만은 패망의 선봉이요 거만한 마음은 넘어짐의 앞잡이니라."

21

도박으로 폐인 된 여자

바닥이 검은 대리석으로 되어 있는데, 바닥 위에는 창끝 같은 대리석들이 죽순처럼 올라와 사람들을 마구 찌르면서 고통을 주고 있었다.

그런데 여기서 한 여자를 보았다. 창끝 같은 대리석이 그녀의 허벅지를 뚫고는 위로 튀어나와 있었는데, 손가락 끝에는 뭔가가 들려져 있었다. 처음에는 화투장처럼 보이더니 그게 아니고 온갖 더러운 벌레들이 그녀의 손에 달라붙어 양손을 갉아먹고 있었다. 그녀가 도망가려고 기를 쓸 때마다 허벅지 살이 더 찢어져 피가 뚝뚝 떨어졌고, 벌레들이 양손 손가락부터 갉아 먹는데 그 고통이 얼마나 심하고 아픈지 괴성만 질렀다.

"도박이 나를 망하게 했네! 그때 끊었어야 했어!"

목 놓아 후회하며 소리를 질러보지만, 지옥에서는 진정한 회개가 존재하지 않는 곳이다. 지옥은 회개하는 장소가 아니라 영원히 형벌을 받는 장소이다.

내 안에 계신 주님께서 이 여자는 가정도 돌보지 않고 도박에 빠져 살다가 폐인이 되어 지옥행의 중한 형벌을 받는다고 하셨다.

22

작두 같은 기계로 양손을 자르는 곳도 있다

지옥은 어둠의 나라이다. 그러기 때문에 주님이 보여주시지 않으면 정확하게 볼 수가 없다. 주님께서 나에게 한 사람을 보여주셨는데, 남자인지 여자인지 분간할 수 없었다. 주님께서는 사람 몸 전체를 보여준 것이 아니라, 형벌을 받는 부분만 보여주셨다.

작두 같은 기계 위에 사람의 양손이 올려 있고, 괴물같이 생긴 귀신이 양손을 잘라 들어가는데 손가락 끝 부분부터 조금씩 조금씩 무 자르듯 잘라가는 것이 아닌가. 그러자 양손에서 분수처럼 피가 터져 나오는데 얼마나 고통스러워하는지 모른다. 그것을 상상만 해도 치가 떨릴 듯한데 내가 직접 보고 있노라니 그 참혹함이란 말로 표현할 수가 없다.

"으악! 이 손가락! 고통을 참을 수 없어요. 살려주세요!"

주님께서 저 사람은 손으로 너무 많은 죄를 지어서 형벌을 받는다고 하셨다.

잠언 12:14
"… 그 손이 행하는 대로 자기가 받느니라."

23

발로 죄지은 사람이
심판받는 곳

    조금 떨어진 곳에서 다른 한 장면을 보았다. 이곳은 아주 넓었다. 평야 같기도 하고 바다 같기도 했다. 이곳 역시 어둠으로 뒤덮인 곳이었는데, 바닥은 깊이를 알 수 없는 늪지대인 것 같았다. 여기에 수많은 사람들이 빠져서 소리지르며 바깥으로 빠져나오려고 몸부림쳤다. 하지만 아무도 늪에서 빠져나올 수가 없었다.

넓은 늪 안에서 심판을 받는 사람들 중에는 악어 같은 짐승들이 발과 발목을 물어 뜯어 먹고 있었다. 또 수없이 많은 뱀들이 사람들의 발목과 종아리를 칭칭 감고는 피를 빨아 먹고 살을 뜯어 먹으면서 사람들을 고통스럽게 했다.

악어 같은 짐승과 수많은 뱀들이 괴음을 지르면서 사람들에게 고통을 가하니 사람들이 한결같이 괴로움을 호소하며 살려달라고 애원하였다.

"잘못했어요! 이곳에서 나가게 해주세요! 제발 이곳에서 벗어나게 해주세요!"

사람들이 늪에서 빠져나오려고 몸부림을 치면 칠수록 더 깊이 빠져들어갔다.

이 장면에서 주님께서는 '저 사람은 발로 너무나 많은 죄를 지었기 때문에 지옥에서 형벌을 받는 것이다'라는 사실을 알려 주셨다.

발도 몸의 한 부분이기에 자기 마음대로 자유롭게 움직일 수 있다고 해서 가야 될 곳과 가서는 안 될 곳을 구분하지 못하고 죄를 짓는 곳에 가는 데 사용해서는 안 된다는 교훈을 주셨다.

> 마태복음 18:8
> "만일 네 손이나 네 발이 너를 범죄하게 하거든 찍어 내버리라…"

24

사악한 정치인이 받는
형벌을 보았다

　이 사람은 남자로 보였는데, 멀리서 볼 때 검은 양복에 넥타이를 매고 있는 것같이 보였다. 자세히 보니 검은 양복이 아니었다. 검은 돌로 만들어진 검은 갑옷 같기도 하고, 또 정형외과에서 환자가 깁스한 것처럼 이 사람의 어깨부터 다리까지 돌로 만들어진 옷을 입고 서 있는 모습이었다.

그런데 이 옷이 얼마나 뜨겁고 무거운지 앉을 수 없고, 걸을 수도 없이 꼼짝없이 서서 고통받고 있었다. 이 사람의 목은 구렁이가 칭칭 감고서 눈과 얼굴을 파먹고 뜯어먹고 있었다.

또 이 남자의 생식기가 밖으로 튀어나와 있었는데, 생식기에 온갖 구더기들이 달라붙어서 뜯어 먹으며 파헤치니 생식기에서 피와 고름이 빗물처럼 흐르고 항문에서도 오물이 흘러나오는데 그 악취가 이 사람을 더욱 괴롭게 하였다.

얼굴은 구렁이가 파먹고, 돌로 만든 갑옷은 무거워서 견딜 수가 없으니 이 남자가 고통을 이기지 못하고 괴성을 질렀다.

"내가 세상에 살 때는 유명했고, 인기도 많았고, 선한 일도 많이 했고, 재물도 많이 소유했는데, 왜! 나를 이곳에 보내 형벌을 받게 하느냐?"며 소리치는데 아직까지 자신의 죄를 깨닫지 못하였다.

그리고 곧 자기가 세상에서 지었던 죄 목록의 행위책이 그림처럼 쫙 펼쳐졌다. 그러자 그는 더 이상 따지지 않고 모든 것을 포기한 듯 비명만 질렀다.

"내가 잘못했어요! 잘못했어요! 한 번만 기회를 더 주면 안 될까요? 이 무거운 옷과 고통을 제발 없애주세요!"라고 비명을 질렀다.

이 장면에서 내 안에 계신 주님은 너무 안타까워하셨다. 이 사람은 세상에서 정치를 했던 사람이라 하셨다. 그런데 정치를 하면서 너무나 많은 사람들을 속였고, 권력을 가지고 자신의 욕심을 챙겼으며, 하나님께서 받으실 영광을 사람들로부터 가로챘다고 하셨다.

25

불신자인 남자의
죽음을 보았다

내가 두 번째 지옥을 보았을 때의 모습이었다.

상당히 넓은 병실 안에 50대쯤으로 보이는 남자가 머리에 붕대를 감고 침대 위에 누워있었다. 나는 궁금했다. 그런데 그 주위에는 가족처럼 보이는 사람들이 슬퍼 울며 바라보았고, 나이 많으신 할머니 한 분도 병실 바닥에 주저앉아 울고 있었다.

의사와 간호사들도 바삐 이 남자를 응급처치하고 있었다. 그런데 특별했던 것은 악한 영들이 원을 그리듯이 둘러서서 이 장면을 지켜보고 있는 것이 아닌가.

그뿐만 아니었다. 병실 문 입구에서도 흰옷 입은 천사 몇 명이 이 광경을 지켜보면서 뭔가를 기다리는 듯 초조해하며 서 있었다.

잠시 후 이 남자는 잠자리에서 일어나는 것같이 자신의 육신에서 영혼이 빠져나갔다. 영혼이 빠져나가는 순간, 악한 영들이 순식간에 그의 영혼을 장악하였다. 그러자 이 사람이 갑자기 두려워서 웅크리고 벌벌 떨며 소리를 질렀다.

"내가 무슨 죄를 지었기에 나를 끌고 가느냐?"

이때 자신의 눈앞에 한 책이 빠르게 펼쳐졌다. 세상에서 살 때 그의 인생의 죄들이 다 기록되어 있는 행위책이었다.

그는 그 책을 보더니 아무런 항변도 못하고 소리를 지르며 끌려갔다. 병실 입구에서 기다리던 흰옷 입은 천사들은 너무나 아쉬워하고 안타깝게 생각하며 저 멀리 사라졌다.

이 장면을 보면서 나는 우리가 이 땅에서 생을 마감하는 마지막 순간까지 한 영혼이라도 포기해서는 안 되겠다는 생각을 했다.

요한계시록 20:12
"또 내가 보니 죽은 자들이 큰 자나 작은 자나 그 보좌 앞에 서 있는데… 죽은 자들이 자기 행위를 따라 책들에 기록된 대로 심판을 받으니."

지옥은 형벌로 인해 극심한 고통을 당하고 나서도 죽어 없어지는 것이 아니라, 다시 정상으로 돌아와 그 형벌을 계속 반복해서 받는 영벌의 장소이다. 사람이 세상에서 살면서 몸으로 행한 것에 따라 그대로 심판을 받는 영벌의 장소가 분명하다. 이 사실을 분명히 안다면 누가 지옥행을 택하겠는가.

요한복음 5:29

"선한 일을 행한 자는 생명의 부활로, 악한 일을 행한 자는 심판의 부활로 나오리라."

마태복음 3:12

"손에 키를 들고 자기의 타작 마당을 정하게 하사 알곡은 모아 곳간에 들이고 쭉정이는 꺼지지 않는 불에 태우시리라."

요한일서 3:8

"죄를 짓는 자는 마귀에게 속하나니 마귀는 처음부터 범죄함이라 하나님의 아들이 나타나신 것은 마귀의 일을 멸하려 하심이라."

26
지옥에서는 아이들도 형벌을 받는다

지옥에선 아이들도 형벌을 받는데, 이곳에도 어둠이 지배하며, 곳곳에서 용 같기도 하고 사자같이 생긴 괴물이 많아서 눈에 불을 켜고 소리를 지르면서 아이들을 위협하고 있다.

악령들의 눈에서 나오는 빛은 천국에서는 볼 수 없는 살귀의 빛, 무서움의 빛이기 때문에 아이들 자신이 받는 형벌 자체가 얼마나 고통스러운지 모른다. 아이들을 향해 쏘아대는 마귀의 공격 앞에 아이들은 벌벌 떨면서 괴로워한다. 아이들이라고 하여 죄를 봐주고 형벌을 가하지 않는 것이 아니다. 지옥이 이런 곳이다.

"억울해요! 억울해요! 내가 부모를 잘못 만나서 그래! 부모가 못 됐어요!" 하면서 자기를 낳아준 부모의 이름을 부르며 욕을 하였다.

수없이 많은 아이들이 있었는데 나는 정확하게 다 볼 수가 없었다.

지옥은 칠흑같이 어둡고 캄캄한 세계라 오직 주님께서 보여주시는 곳만 볼 수가 있었다. 바닥은 검은 대리석으로 깔려 있었고, 그 위에는 피가 흥건하고 유황불에 타면서 그 악취가 아이들을 질식시킬 정도로 견딜 수 없었다.

또 바닥에는 칼날같이 날카로운 못 같기도 하고 창끝 같기도 한 크고 굵은 바늘이 엄청나게 많이 박혀 있었는데, 그 바늘이 아이들을 찔러댔다. 아이들은 피하느라 이리저리 움직여 보지만 도저히 그 바늘을 피할 수 없었다. 누우면 몸 전체를 찌르고, 앉으면 엉덩이와 허벅지를 찌르니 그때마다 아이들의 몸은 찢겨지고 짓물러져 온몸에는 피가 범벅이 되어 흘러내리면서 그 울부짖는 것이 너무 불쌍했다.

고통을 호소하는 아이들은 그 얼굴이 흉측하게 변하면서 핏줄이 팽창해 피가 튀어나올 것 같은 아이도 있었고, 어떤 아이들은 괴상한 짐승 얼굴 형상으로 바뀌었다가 다시 어린아이 얼굴로 돌아오는 것이 반복되고 있었다.

거의 모든 아이들이 울부짖는데, 그래서 지옥 같다고 말한다.
"억울해서 죽겠다. 누가 나를 이 지옥에서 제발 꺼내주세요!"

이 참혹한 형벌의 모습을 보면서 내 안의 주님께서는

이 아이들 중에는 세상에 태어나지도 못한 채 부모의 이기적 욕심 때문에 죽임을 당해 이곳에 온 아이도 많다고 하셨다. 어린아이들이 엄마 뱃속에서 낙태 수술을 당할 때 "엄마, 살려줘! 죽이면 안 돼!" 하면서 애원하고 애원했지만, 끝내 버림받고 매정하게 외면당한 아이도 많다고 하시면서 슬퍼하셨다.

내 안에 계시는 주님께서 낙태 수술도 사람의 생명을 해치는 살인죄에 해당한다는 깨달음을 주셨다. 요즈음 인간이 너무 타락하여 음란한 세상, 쾌락을 추구하는 악한 세상이 되어 태아의 생명을 함부로 죽이는 죄를 범하는데 낙태는 살인죄이기에 결코 해서는 안 된다.

이에 나는 여러 가지 생각을 했다.
'어린아이들도 원죄를 가지고 있기 때문에 지옥에서 심판을 받는구나. 그들이 복음을 듣고 예수를 믿어야 죄 사함을 받고 영혼이 살아나겠구나. 그리고 악한 영의 지배를 받아 아이들이 예배 시간에 떠들고 장난친다고 해서

복음을 듣는 기회를 어른들이 빼앗아서는 결코 안 되겠구나. 어린아이들에게 반드시 복음을 전해야 한다는 사실을 교회가 결코 잊어서는 안 된다는 사실을 전해야겠구나.' 그렇다. 인간은 누구나 남녀노소 구분 없이 구원받아야 할 고귀한 존재다. 죽음은 나이와 상관없이 무시로 찾아온다. 따라서 어린아이들에게 반드시 복음을 전해야 한다.

> 로마서 5:12
> "그러므로 한 사람으로 말미암아 죄가 세상에 들어오고 죄로 말미암아 사망이 들어왔나니 이와 같이 모든 사람이 죄를 지었으므로 사망이 모든 사람에게 이르렀느니라."

> 시편 51:5
> "내가 죄악 중에서 출생하였음이여 어머니가 죄 중에서 나를 잉태하였나이다."

27
의사였던 여자가 형벌을 받는 것도 보았다

 아이들이 심판을 받는 곳을 본 후, 예수님께서는 나에게 이곳을 보여주셨다. 여자 한 사람이 어렴풋이 보였는데, 처음에는 이 사람이 흰색 가운을 입고 있었다. 나는 속으로 이런 생각이 들었다.
 '어떻게 이 지옥에 깨끗한 하얀 가운을 입은 의사가 있을까?'

순간적으로 주님의 안타까운 심정이 내 가슴을 쳤다.

'부족한 종에게 지옥의 참상을 보여주신 것은 전도 차원에서 보여주신 것인데, 지금도 세상 풍조의 죄악 가운데 빠져 지옥으로 달려가는 많은 사람들 중에서 한 영혼이라도 더 건져내고 살리시기를 애타게 원하시는구나! 오, 주님, 잊지 않겠습니다.'

주님께서는 곧바로 하얀 가운은 없었고 심판받는 모습을 보게 하셨다. 이 여자는 한쪽에 앉아 있었다. 체구는 통통한 사람 같아 보였는데 그 모습이 '아! 저 여자는 세상에 살 때 아주 도도하고 교만했겠구나!' 하는 느낌이 들었다.

그런데 이 여자의 양손에 큰 가위와 날카로운 칼이 들려 있는 것이 아닌가. 그러고는 천천히 자동 기계처럼 자신의 힘으로는 억제할 수 없는 어떤 불가항력적인 힘에 의해 그 가위로 자신의 몸을 발가락에서부터 조금씩 조금씩 잘라내기 시작했다. 그 발가락에서 피가 물같이 흘러내리는데 그 고통을 참지 못해 크게 비명을 지르며 괴로워하고 있었다.

그런가 하면 또 다른 손에 들려 있는 날카로운 칼로 자신의 배를 난도질하는데 그 예리한 칼이 목과 가슴을 찌르고, 얼굴과 다리를 찌르고, 자신의 오장육부를 마구 찌르면서 파헤치니 온몸이 너덜거리며 피가 범벅이 되어 흘러내리고 있었다. 그 모습이 너무 비참해서 나는 순간적으로 얼굴을 외면하고 말았다. 그 여자는 목이 터져라 부르짖으며 괴성을 질렀다.

입에서는 더러운 벌레들이 속으로 들어갔다가 기어 나오는데 그럴 때마다 악취가 나는 똥물을 토해내고 있었다. 그러면서 억울하다는 듯이 울부짖었다.

"내가 저 세상에 있을 때 얼마나 많은 명성을 얻었고, 얼마나 많은 돈을 벌고 수많은 사람들을 가르쳤는데, 왜 내가 이곳에서 이 고통과 비참함을 당해야 하느냐."

그럴 때마다 이 여자의 지나온 죄의 행위가 기록된 행위책이 펼쳐졌다.

이 여자는 세상에서 살면서 돈은 많이 벌고 잘 살았지만 자신의 행위들을 보고는 금세 고개를 푹 숙이며 시인했다.

"정말 잘못했어요. 내가 잘못했어요. 한 번만 더 기회를 주세요!"

그러나 아무도 이곳에서 이 여자를 건져줄 사람은 없었다. 세상에서 예수님 없이 산 것만큼 지옥에서 참담한 형벌을 받고 있었다.

내가 우울한 기분에 마음이 매우 심란하게 되자 내 안의 주님께서 이 여자에 대해 말씀해 주셨다.

"이 사람의 직업은 산부인과 의사였다. 그런데 돈에 눈이 멀어 돈만 벌기 위해 아직 세상에 태어나지도 않은 많은 뱃속의 아기들의 생명을 빼앗은 악한 의사다. 이것은 살인죄에 해당하는 큰 죄악이다."

나는 인간의 성품을 지니신 주님의 인도하심을 받으면서 목사로서 주님과 이심전심의 마음이 느껴졌다.

'생명은 하나님께서 주신 귀한 선물이기에 사람들이 생명을 소중히 여겨야 하는데 사람들 중에는 자기 형편과 상황만 생각하고 쉽게 뱃속의 아기를 유산시키는 것을 심판하시는구나. 천하보다 귀한 생명을 파리 목숨처럼 너무 가볍게 여기는 것을 주님이 이토록 안타까워하시는구나.'

이 책을 마무리하며

　3주간의 작정 기도를 통해 천국과 지옥을 본 후, 나는 약 3-4주간 정도 정상적인 활동을 하지 못했다. 몸에서 수분이 빠져나간 것같이 기력이 쇠약해져 몸에 기운이 없었다. 그렇다고 몸에 병이 있어 그런 것은 아니었다. 깊은 기도를 반복해서 여러 번 들어가고 보니 육신이 많이 아주 쇠약해졌기 때문이다.

　내 생각이 살아서는 깊은 기도에 들어갈 수가 없다. 내 생각은 없어지고 오직 주님 사랑으로 깊은 기도에 들어가면 바람을 타고 꿈속을 날아다니듯 활동하게 된다. 분명한 것은, 이때 나의 육신은 손가락 발가락 하나 움직이지 못한 채 완전히 죽은 사람처럼 꼼짝을 못하게 된다는 것이다.

　영의 세계는 육신의 생각이 죽는 만큼 깊이 열린다. 영적인 세계를 경험하는 횟수가 많아질수록 깊은 기도에서 깨어나게 되면 온몸이 마비가 된다. 그러면 주변 사람들이 나의 몸을 주무르며 풀어줄 때에 나는 움직일 수가 있었다.

이런 일이 여러 번 반복되다 보니 나의 몸이 회복되기 위해 시간이 조금 필요한 듯 했다. 물론 영적인 세계가 경험될수록 마음에 말할 수 없는 평강이 찾아오고, 생활의 문제가 풀리고, 육신의 건강이 회복되었다. 무엇보다도 내 심령에 천국이 임하는 것을 체험했다.

내 몸에 또 다른 변화도 생겼다.

약 10일 정도 오른쪽 겨드랑이 밑 팔 안쪽으로 15센티 정도 누군가로부터 매를 맞아 생기는 것 같은 검누런 색의 멍이 들어 있었다. 그런데 그것이 오른쪽 팔 밑으로 점점 내려오면서 독이 빠져나오는 듯한 증세가 나타났다.

그러나 나는 누군가에게 맞거나 부딪치거나 하지 않았고, 통증 또한 전혀 없었다. 아내와 나는 이것이 너무나 신기하여 가족과 우리 교회 장로님과 몇 분의 성도들에게 보여드렸더니 증거로 남겨 놓자고 해서 영상으로 보관 중이다.

또 하나는 내가 다른 사람들을 위해서 기도를 해주면 곧바로 오른쪽 손등이 퉁퉁 부어오르는 증세가 한 달 정도 계속 되었다. 물론 아픈 통증이 있는 것은 아니었는데, 이 모습을 본 나 자신이나 주변 사람들도 신기해하며 쳐다보았다. 그런 증세뿐 아니라 그 외에도 몇 가지 다른 증세도 있었지만, 글로 표현하기가 매우 조심스럽다.

그 후 내가 경험한 천국과 지옥에 대한 내용이 교단 신문에 연재되면서 많은 집회 요청을 받아 매주 사역을 하게 되었다. 집회를 통해 가는 곳마다 하나님께서는 교회를 세우시고, 회개와 맡은 직분에 대한 깨우침 등… 교회 현장에 은혜의 불길이 일어나 성령께서 역사하심이 그대로 나타나고 있다.

　반면에, 이 사역을 하면서 어려움도 있어서 나와 아내는 심적으로 많은 부담을 느꼈다. 그래서 재충전을 위해 기도원을 다시 찾게 되었는데 2012년 3월 6일 하나님께서 나에게 천국을 다시 보여주셨다.

　이때는 기도원이 많이 알려지면서 전국에서 은혜를 받으러 오신 분들이 많았다. 그 후에 사역은 더 많이 열려 매주 집회를 다니는데, 집회가 열리는 곳마다 성령의 역사가 놀랍게 일어났지만 그 성령의 역사가 강한 만큼 또 다른 곳에서 영적 싸움이 일어났다.

　우리 부부는 다시 기도원을 찾았고, 기도하는 가운데 나는 2012년 8월 3일 약 2시간 정도 주변에 40여 명의 성도들이 지켜보는 가운데 또다시 천국을 보게 되었다.

　나는 너무나 미약하고 보잘것없는 사람으로서 몸도 마

음도 병들고 환경마저 힘들었을 때 오직 하나님만 바라보면서 다시 살고 싶었다. 무엇보다 아직 죽기에는 젊다고 생각했고, 오직 주님의 은혜가 임하지 않으면 안 되었기에 주님을 다시 한번 깊이 만나기를 사모하는 마음으로 기도원을 찾아갔다.

사실 내가 처음 기도원을 찾았을 때는 성좌산 기도원이 어떤 곳인지, 또 원장님이 어떤 분인지 전혀 몰랐다. 그냥 무작정 지인의 소개로 주소만 갖고 찾아갔을 뿐이다. 더더욱 내가 천국과 지옥을 보게 되리라곤 꿈에도 생각하지 못했다. 이 모든 것은 전적인 하나님의 사랑이요, 은혜다.

우리는 이것을 알아야 한다. 천국과 지옥은 실존하며 반드시 있다는 사실을. 우리가 이 땅에 산 행위대로 심판이 있다는 사실을. 성경은 분명히 말한다. "한 번 죽는 것은 사람에게 정해진 것이요 그 후에는 심판이 있으리니"(히 9:27).

지옥은 우리의 상상을 초월한 무서운 심판이 기다리는 곳이다. 우리가 이 땅에 사는 것은 영원히 왕 노릇 할 우리의 천국의 집을 더 크게 지을 수 있는 기회가 아직 있다는 것이다. 우리는 분명히 천국에 갈 터인데 믿음으로 잘 준비해서 크고 좋은 집을 지어 가야 한다.

내가 기도원에서 작정 기도를 할 때 나의 아내는 기도원을 수시로 왕래하면서 나를 위해 기도로 지원하면서 더 큰 은혜를 사모했다. 천국과 지옥이 나에게 열리자 아내는 같은 은혜를 달라고 하나님께 사력을 다해 매달리며 강한 믿음의 갈망을 가졌다. 그 후 많은 은혜와 능력을 받았고, 3주간 나의 작정 기도가 끝난 후에도 사모하는 마음으로 교회에서 수시로 깊은 기도 생활을 하면서 기도원에도 가끔 다녀오곤 했다. 그런 가운데 아내는 영적인 깊은 은혜를 체험하게 되고 성령의 큰 불이 임했다.

그 후 많은 능력이 임하면서 몸에 변화가 생겼는데 감기 몸살 걸린 것처럼 5일 동안 영적인 싸움이 일어났다. 5

일간 온몸이 강한 몽둥이에 두들겨 맞은 사람처럼 아내는 아프다고 고통스러워하며 몸살을 심하게 앓았다. 보기에도 너무나 안쓰러워 내가 병원에 가서 주사라도 맞으라고 권유했지만, 아내는 믿음으로 사탄과 악한 영들과의 영적 싸움을 이겨야 한다면서 이번에 아픈 것은 병원에 가서 될 일이 아니라는 확신이 있다고 하여 기도와 찬양 가운데 끝까지 싸워 이겼다.

그 후 성령의 임재의 역사가 아내에게 강하게 나타났고, 지금은 집회에 가게 되면 나는 말씀을 전하고, 아내는 말씀 전에 성도들의 심령을 깨우는 찬양으로 영광 돌리고 있다. 말씀이 끝나면, 필요에 따라 아내와 함께 기도(치료) 사역을 한다. 이때 하나님께서 우리 부부의 기도 사역을 통하여 회개의 눈물과 심령 회복, 육신의 치유, 능력과 축복이 임하도록 도움을 주신다.

특히 영육 간의 건강 회복과 물질 문제가 많이 열려지고, 전도에 대한 열정과 교회에서 맡긴 직분에 충성된 일꾼으로 세워지는 것을 많이 듣게 된다.

이 모든 역사에 대해 전적으로 우리 주님께 감사할 뿐이다. 오직 주님께만 영광을 올려 드린다.

마지막으로 이 책을 읽는 독자들에게 천국과 지옥은 실존적으로 확실히 존재하니 하나님과 이웃을 사랑하고 섬기며 거룩하게 살면서 복음 전하며 많은 영혼을 구원하기를 간청한다.

> 사도행전 1:8
> "오직 성령이 너희에게 임하시면 너희가 권능을 받고 예루살렘과 온 유대와 사마리아와 땅 끝까지 이르러 내 증인이 되리라 하시니라."

> 요한복음 14:12
> "내가 진실로 진실로 너희에게 이르노니 나를 믿는 자는 내가 하는 일을 그도 할 것이요 또한 그보다 큰 일도 하리니 이는

내가 아버지께로 감이라."

마태복음 28:18-20
"예수께서 나아와 말씀하여 이르시되 하늘과 땅의 모든 권세를 내게 주셨으니 그러므로 너희는 가서 모든 민족을 제자로 삼아 아버지와 아들과 성령의 이름으로 세례를 베풀고 내가 너희에게 분부한 모든 것을 가르쳐 지키게 하라 볼지어다 내가 세상 끝날까지 너희와 항상 함께 있으리라 하시니라."

부록

간증 집회를 통해 은혜 받은 이야기

경은희
신평교회 집사

목사님의 간증을 듣고 가장 크게 **깨달**은 것은 이 땅에 살고 있다는 것은 아직 우리에게 천국에 갈 기회가 있다는 것이다. 우리의 소망은 썩어질 이 땅에 있는 것이 아니라 영원한 천국에 있음을 깨닫게 하였다. 한 영혼이라도 더 구원하고자 하시는 하나님의 선하심과 사랑하심에 감사를 드리게 되며, 이 땅에 사는 동안에 맡겨진 직분에 충성하며 믿음의 선한 것을 많이 심어 하늘에서 받을 상급을 잘 준비해야겠다는 생각을 했다.

무엇보다 천국과 지옥의 사실을 세상에 알리는 것이다. 그럼으로써 지금도 예수님을 안 믿고 무서운 형벌을 받는 지옥으로 달려가는 불신자를 전도하는 일에 열심을 내고, 교회에 꼭 필요한 일꾼이 되어야겠다는 결단을 하게 되었다.

한정숙
주기쁨교회 성도

나는 북한을 탈출하여 중국에서 만난 목사님을 통해 처음으로 예수님을 알게 되어 한국에 왔다. 하지만 한국에 와서 북한에 두고 온 부모님과 자식에 대한 그리움으로 인해 하루 3시간도 잠을 못 자고 돈 버는 일에만 열심을 내어 교회는 가지도 못하고 있었다. 그러던 중에 뒤늦게 부모님과 자녀를 상봉하게 되고 목사님의 교회를 찾아왔는데, 목사님의 천국과 지옥 간증의 말씀을 듣게 되었다.

나는 그동안 교회 문턱만 들어오면 누구나 천국에 쉽게 갈 수 있다고 생각하였다. 그런데 목사님의 간증을 듣고 오직 예수님을 영접하고 믿으면 구원받아 천국에 들어갈 수 있다는 것을 배웠고, 또 막연하게 생각했던 천국과 지옥의 실상에 대해서도 확실하게 알게 되었다.

그 이후 나는 아이와 함께 목사님이 다른 교회에서 집회하실 때 몇 번 참석하면서 방언도 받고, 성령의 불도 체험하고, 신앙에 열심을 갖게 되어 새벽 예배뿐 아니라 교회 예배와 봉사에도 열심을 다하고 있다.

설교 말씀을 들으면 들을수록 나의 천국 집을 크게 지어야겠다는 열정과 예수님을 잘 믿어야겠다는 결심을 하게 되었다. 그리고 예수님을 모르고 살고 있는 북한에 있는 내 고향 사람들이 무서운 지옥에 가서는 안 된다는 불쌍한 마음이 생겨서 새터민들의 영혼 구원을 위해 마음 깊이 기도하고 있다.

최윤내
황금종교회 집사

우리 교회는 목사님의 간증 집회를 통해 많은 은혜를 받았다. 이 땅에서 내가 행한 신앙생활에 따라 천국에서 내가 받을 상이 다르고, 천국의 집이 크게 지어진다는 것과 특히, 교회를 다니고 직분을 가졌던 사람들 가운데도 예수님을 자신의 구세주로 만나지 못한 사람들이 지옥불에서 심판받고 고통받고 있다는 것에 큰 충격을 받았다.

그러면서 목사님의 간증 집회를 통해 나의 신앙생활을 다시 한번 점검하고 회개할 수 있는 기회를 가졌다. 더 열심히 기쁨으로 교회를 섬기며 주의 일을 해야 한다는 것과 영혼 살리는 전도가 하늘나라에 가장 큰 상으로 올라간다는 말씀이 마음에 감동이 되고 은혜가 되었다.

간증 후에 기도를 받았는데 영적인 회복과 육신의 치료를 경험했다. 무엇보다도 사명을 깨닫게 된 것이 감사했다.

이제부터는 세상의 여러 가지 일들이 많이 있지만 영원한 천국에 내 집이 더 크게 지어질 수 있도록 기도와 말씀으로 무장하는 삶을 살 것이고, 그리고 지옥의 무서움을 세상에 알려서 단 한 사람이라도 지옥에 안 가고 천국에 가도록 인도하는 사람이 되어야겠다는 결심을 했다.

임향자
주찬송교회 집사

나는 교회를 다니고 신앙생활을 하면서도 천국과 지옥을 너무나 막연하게 관념적으로 형이상학적으로 생각할 때가 많았었다. 그런 나에게 목사님의 천국 지옥 간증은 마음에 사실적으로 와 닿았고, 이 땅에 사는 동안 천국을 더 사모하며 나의 상급을 준비해야겠다는 확신이 생겼다.

무엇보다 그동안 안일하게 신앙생활 했던 것을 되돌아보며 회개하고, 나를 구원해주신 주님께 감사하며, 앞으로는 더 믿음으로 깨어 기도하고 생활 속에서 주님을 높이는 삶을 살아가야 겠다는 결심을 하게 되었다. 그리고 주님께서 맡겨주신 직분에 더 충실하고 목사님을 잘 받들어서 교회 부흥과 맡은 일에 더 힘을 내야겠다고 다짐하게 되었다.

황정희
목양교회 집사

예수 믿고 교회를 다닌다면서도 나는 생활 속에서 이런저런 일로 인해 주님과 올바른 관계를 갖지 못할 때가 많았다. 이번 간증을 들으면서 천국과 지옥에 대한 말씀이 내 영혼 깊숙이 다가왔으며 우리가 이 땅에서 생각 없이 죄를 짓는 모든 것이 마지막 심판 때 그대로 심판받는다는 사실을 듣고 나는 새로운 믿음의 눈이 열린 것을 느낄 수 있었다. 나를 위해 피 흘려 죽으신 예수님의 사랑이 너무나 크고 귀하다는 것을 고백하며, 세상을 사는 동안 주님의 사랑에 더 감사하게 되었고, 주님을 잘 섬기며 믿음으로 살아야겠다는 굳은 결심을 하게 되었다.

그리고 부흥 성회를 통해 성령의 강력한 임재와 만지심을 느끼며 심령에 강한 불을 받았다. 또 말씀 후 치유 기도 시간에 나의 아픔과 슬픔이 기쁨과 평안으로 회복되었고 여러 문제들이 해결되는 복을 받았다.

이제 예배를 드리는 행위도, 교회 안에서 봉사하는 것도 그리고 세상을 향한 전도하는 일도 천국의 상급을 받는 나 자신을 위한 것이며, 그것이 천국에서 영원히 살게 될 내 집을 짓는 것임을 더 확실하게 알고 믿게 되었다. 이제 복음과 함께 이 놀라운 사실을 전하지 않을 수 없다.